透过历史学古文

郑连根　著

中国言实出版社

图书在版编目(CIP)数据

透过历史学古文 / 郑连根著. -- 北京: 中国言实
出版社, 2025. 1. -- ISBN 978-7-5171-4369-7

Ⅰ. K209; H194.1

中国国家版本馆CIP数据核字第2025WW2003号

透过历史学古文

责任编辑：李　岩
责任校对：朱中原

出版发行：中国言实出版社
　　　　　地　　址：北京市朝阳区北苑路180号加利大厦5号楼105室
　　　　　邮　　编：100101
　　　　　编辑部：北京市海淀区花园北路35号院9号楼302室
　　　　　邮　　编：100083
　　　　　电　　话：010-64924853（总编室）　010-64924716（发行部）
　　　　　网　　址：www.zgyscbs.cn　电子邮箱：zgyscbs@263.net

经　　销：新华书店
印　　刷：北京鑫益晖印刷有限公司
版　　次：2025年7月第1版　2025年7月第1次印刷
规　　格：710毫米×1000毫米　1/16　10.75印张
字　　数：200千字

定　　价：69.00元
书　　号：ISBN 978-7-5171-4369-7

目录

目录

"以弱胜强"的一战

山东省常被世人称为"齐鲁大地"，原于春秋时期的齐国和鲁国就在这片土地上。齐国是一个大国，而鲁国相对弱小。因此，两国发生战争，鲁国很少获胜。在很少的几次鲁胜齐的战争中，长勺之战便是广为人知的一次。长勺，在今天山东莱芜东北。鲁国此战之胜，与曹刿密不可分。

长勺之战发生在公元前 684 年（鲁庄公十年）。长勺之战发生的背景说起来也是一部狗血的兄弟夺位戏。一年之前，齐国发生内乱，国君继承人同父异母的哥俩公子小白和公子纠争夺君位。当时，公子纠获得外祖父势力鲁国的支持。而公子小白则获得其母亲所在诸侯国的支持。后来，公子小白在竞争中胜出，后来大名鼎鼎的春秋五霸之一的齐桓公。为报复鲁国一年前支持公子纠复国的宿怨，齐桓公遂发兵侵鲁，长勺之战就此爆发。

面对齐国的侵略，鲁庄公准备出兵应战。这时鲁国一位名叫曹刿的人出场。而这曹刿又是何许人呢？曹刿是周文王第六子曹叔振铎的后人。（事迹见《史记·刺客列传》）。曹刿听到这个消息后求见庄公，他先问庄公依靠什么同齐国作战。鲁庄公说，他对臣下很好，对于衣物食品之类的东西，总是要分赐给臣下，不敢独自享用。曹刿指出，这样做不过是小恩小惠，不能施及全国，民众是不会出力作战的。

鲁庄公又说，自己对神明很虔敬，祭祀天地神明的祭品从来都很丰盛。曹刿认为，对神守点小信，也未必能感动神明。

鲁庄公最后说，自己对待大小狱讼，虽然不能做到明察秋毫，但是一定合情合理地予以处理。曹刿说，"忠之属也，可以一战。"您尽到了国君的本分，可以凭借这个资本与齐国决一胜负。为此，他请求随同鲁庄公奔赴战场。

在战场之上，曹刿请鲁庄公暂时避开齐军锋芒。齐军发动了两次进攻，曹刿都阻止鲁庄公下令出击，而是严阵以待，消耗齐军的士气。等齐军发动第三次进攻时，曹刿发现齐军士气已弱，这才建议鲁庄公下令出击。鲁军将士奋勇出击，一举打败了齐军。

鲁军战胜，鲁庄公要下令追击。曹刿认为齐是大国，很可能另有埋伏，就登上战车扶着车前横木远望，查看齐军撤退的队形，见齐军旗鼓杂乱，兵器倒曳，又下车观察到齐军战车的车辙十分混乱，判定齐军是真正溃败，才让鲁庄公下令追击。

长勺之战后，鲁庄公立即提拔曹刿为大夫，并把女儿嫁给了他，曹刿可谓名利双收。若故事到此结束，那完全是个大团圆的结局，有极好的励志效果。可真实的历史往往比较残酷，曹刿和鲁庄公的关系亦是如此。

公元前 671 年（鲁庄公二十三年），鲁庄公要到齐国去观看祭祀仪式和阅兵大典。曹刿认为这是"失礼"之举，极力劝阻。在春秋时代，祭祀是大事，周天子祭祀，要邀请诸侯，诸侯才可以参加。诸侯国之间，国君是不能互相参加祭祀大典的，原因是"神不歆非类，民不祀非①"。齐国先祖姜太公接受的是他们姜姓后代的祭祀，鲁国国君是姬姓，你参与祭祀，算什么事呀？国君为了看热闹，就带头破坏礼法，下面的人如果都跟着学，岂不乱套了？曹刿以这番道理劝谏鲁庄公，但是鲁庄公不听，仍然到齐国"观社②"。从此，曹刿和鲁庄公的关系就日渐疏远了。

公元前664年（鲁庄公三十年），曹刿发动政变，试图推翻鲁庄公，结果被镇压，曹刿逃亡到莒国，后在莒国终老。总的来看，曹刿不但是一个有军事才华的将士，他还是一个敢于直言上谏的诤臣。可惜的是，鲁庄公并不是一个靠谱的国君。

① 出自《左传·僖公十年》，意为神不享受不同族类人供奉的祭品，百姓不祭祀非本宗族的祖先。
② 出自《左传·鲁庄公二十三年》，意为观看祭祀社神。

附：《曹刿论战》

——《左传·庄公十年》

十年春，齐师伐我。公将战，曹刿请见①。其乡人曰："肉食者②谋之，又何间③焉。"刿曰："肉食者鄙，未能远谋。"乃入见。问何以战。④公曰："衣食所安，弗敢专也，必以分人。"对曰："小惠未遍，民弗从也。"公曰："牺牲玉帛，弗敢加也，必以信。"对曰："小信未孚⑤，神弗福也。"公曰："小大之狱，虽不能察，必以情。"对曰："忠之属也，可以一战。战则请从。"

注释

①曹刿（guì）：春秋时鲁国大夫。

②肉食者：当时习惯语，指居高位，得厚禄的人，大夫以上。

③间（jiàn）：参与。

④何以战：即"以何战"，凭什么作战。

⑤孚（fú）：信任。

《左传》以描写战争、刻画人物、叙述故事著称，而这篇《曹刿论战》就是记述长勺之战的经典之作，文章取材精到，立意高远，既于叙事中总结历史经验，又在行文中生动刻画人物形象。曹刿的言行贯穿于整个战争的始终，从战前筹划、到战役进行时的指挥，再到战后的总结，叙述条理非常清晰。我们先看战前的筹划。鲁庄公十年（公元前 684 年）的春天，齐国军队攻打鲁国，鲁庄公将要迎战。这里的"公"指的就是鲁庄公。接下来，主角就出现了，曹刿请求拜见鲁庄公。曹刿的同乡反对他去拜见鲁庄公，说："当权的人自会谋划这件事，你又何必参与呢?"

这里的"肉食者"指的是那些身居高位的大官。春秋时期的生产力水平比较低，只有大夫以上级别的官员才能每天吃到肉，普通人是没条件每天吃到肉的。所以，当时才把身居高位、握有实权的人称为"肉食者"。曹刿同乡的看法是，"肉食者"平时养尊处优，享受荣华富贵，现在发生战争了，他们自然应该先上。可是曹刿不这么看，曹刿说："这些身居高位的人目光短浅，不能深谋远虑。"于是他入朝去拜见鲁庄公了。

见到鲁庄公之后，曹刿问鲁庄公："您凭借什么与齐国开战?"

鲁庄公说："有了好的衣服和食物，我从来不敢独自享用，一定分给身边的大臣。"意思是我平时对身边人很好，战争发生了，他们会为替我拼死作战。"专"在这里指独自享有。

曹刿回答说："这种小恩小惠不能遍及百姓，老百姓是不会顺从您的。"意思是您身边的人毕竟很少，你的恩惠没有遍及百姓，百姓如果不支持，力量不够呀。

鲁庄公说："祭祀用的猪牛羊和玉器、丝织品等祭品，我从来不敢虚报夸大数目，一定对上天说实话。"意思是我祭祀时对神灵非常诚实，从来不欺骗他们，他们会保佑我打赢战争。"牺牲玉帛"指的是祭祀用的祭品。牺牲，指猪、牛、羊等。玉帛，玉石、丝织品。"加"在这里指虚夸，指以少报多。

曹刿说："小小信用，不能取得神灵的信任，神灵是不会保佑您的。"意思是光想靠神灵的保佑是不可靠的。这里的"孚"是诚信感人的意思。"福"在这里作动词，赐福、保佑之意。

鲁庄公又说了一条："大大小小的诉讼案件，我即使不能一一明察，但一定根据实情（合理裁决）。"意思是我一定会对大大小小的事件进行公正的裁决。

这一条终于得到了曹刿的认可，曹刿说："这是尽了国君的本分，凭借这个条件可以打一仗。如果作战，请允许我跟随您一同去。"意思是可以与齐国开战了，我也要一起去。

> 公与之乘，战于长勺。公将鼓之。刿曰："未可。"齐人三鼓，刿曰："可矣。"齐师败绩。公将驰之。刿曰："未可。"下视其辙，登轼而望之，曰："可矣。"遂逐齐师。

战前筹划结束之后，就到了战争打响的时刻了。鲁庄公和曹刿同坐一辆战车，在长勺和齐军展开大战。长勺在今天山东莱芜东北，当地有长勺之战的遗址，立有纪念碑。两军对阵之后，鲁庄公就要下令击鼓进军。曹刿说："现在不行。"等到齐军三次击鼓之后，曹刿才说："现在可以击鼓进军了。"

于是两军展开了大战，结果是"齐师败绩"，齐军大败。

打败了齐国军队之后，鲁庄公要下令追击齐军。曹刿说："不可以。"为什么不可以呢？他后面便会做解释。曹刿下了战车，察看齐军车轮碾出的痕迹，又登上战车，扶着车前横木远望齐军的队形，这才说："可以追击了。"于是鲁军才追击齐军。这里的"辙"指车辙，"轼"是古代车辆前面的横木，人扶着横木可以眺望前方。宋代的大文豪苏轼和苏辙兄弟两个人的名字，就与古代车辆有关。苏轼，字子瞻，瞻就是向前眺望的意思，说明的是轼的用途。苏辙，字子由，由是追随的意思。车辙本来不就是车辆驶过的痕迹吗？从这里我们可以看出，古人起名字是很有讲究的。名和字之间，兄弟的名字之间，都带有一定的关联性。这是起名字的学问。

"以弱胜强"的一战

> 既克，公问其故。对曰："夫战，勇气也。一鼓作气，再而衰，三而竭。彼竭我盈，故克之。夫大国难测也，惧有伏焉。吾视其辙乱，望其旗靡，故逐之。"

长勺之战以鲁军的胜利而告终，战争结束之后，就是做战后总结了。打了胜仗后，鲁庄公问曹刿取胜的原因。

他说："作战，靠的是士气。第一次击鼓能够振作士兵们的士气；第二次击鼓士兵们的士气就开始低落了；第三次击鼓士兵们的士气就耗尽了。齐国军队击了三次鼓之后，他们的士气就已经消失了，而我军的士气正旺盛，所以才战胜了他们。"

还有一个问题，就是战胜了齐军之后，为什么不马上追击？对于这个问题，曹刿也有回答，他说："像齐国这样的大国，他们的情况是难以推测的，我怕他们设有伏兵。我下战车，看到他们的车轮的痕迹混乱，上车又望见他们的旗帜倒下，所以下令追击他们。"

解析

到了这里，《曹刿论战》这篇文章就结束了。这篇写长勺之战的文章，作者通过写曹刿在战前、战中、战后的一系列表现，既层次清晰地记述了战争的过程，又塑造了一个智勇双全的优秀将领形象，这种叙述技巧值得我们用心体会。

知识拓展

通过地图，我们可以清楚看出春秋时期齐国和鲁国的地理位置，再对照今天的地图，可以更好地分析"长勺之战"的情况。

"春秋首霸"的仗义之举

春秋时期，各诸侯国和周王朝名义上是君臣和宗藩的关系，但实际上周王已无力号令各国。各诸侯国相互之间不断打来打去，天下大乱。

这个时候春秋时期的第一位"霸主"出现了。霸主相当于所有诸侯国的"带头大哥"，他制定大家公认的"国际关系准则"，安排"国际秩序"。如果哪个国家不听霸主的话，霸主就带领诸侯联军去讨伐；如果小国紧密地团结在霸主周围，霸主还会提供相应的保护。比如，若哪个国家敢侵略别国，霸主就会出兵问罪，替小国出气。其他各诸侯国则要定期"朝贡"，所谓"朝贡"就是既要向霸主汇报工作，表示服从领导，还要向霸主国交纳一定数量的贡赋。

春秋时期的第一个霸主是齐桓公。

齐桓公，齐僖公之子，名姜小白。齐僖公过世后，其弟齐襄公即位。公子小白与哥哥公子纠为躲避政治迫害，逃亡国外。管仲辅佐公子纠到了鲁国，鲍叔牙辅佐公子小白到了莒国。

齐襄公对待下属很刻薄，积怨甚多。后来，公孙无知联合管至父、连称等人发动政变，杀死了齐襄公，公孙无知做了国君。不久，公孙无知、连称和管至父也被国人杀死，齐国出现了没有君主的局面。

齐国的大贵族高氏与国氏偷偷派人赴莒国召公子小白回国即位。公子小白匆匆上路，日夜兼程，向齐国进发。此时，鲁国也派人护送公子纠回国。同时，还派管仲率军去莒国通往齐国的路上蹲守，拦阻公子小白回国。

不出所料，管仲遇到了鲍叔牙护送的公子小白，管仲箭射公子小白，不料恰巧射中带钩，公子小白装死才逃过一劫。在高氏与国氏两大世族的接应下，公子小白首先回到齐国都城临淄即位，是为齐桓公。

齐桓公是一个有鸿鹄大志的君主，他不记一箭之仇，接受鲍叔牙的建议，拜管仲为相国，尊之为仲父。管仲有治国之才，在他的辅助之下，齐国迅速强大了起来，走上了争霸之路。

争霸不能全凭武力，也得讲道义，也得有担当、有智慧。齐桓公当霸主，打出的旗号是"尊王攘夷"。这个口号在那个时代是很有针对性的。所谓"尊王"就是重新尊重周天子。因为诸侯不尊重周天子，所以才造成列国纷争的局面。诸侯国之间互相内战，就更加无力对抗夷狄（游牧民族）的入侵。齐桓公和管仲看到，若要有效抵制夷狄入侵（"攘夷"），中原各诸侯国就必须团结一致。那如何整合各诸侯国的力量呢？还是得打出"尊王"的旗号，"挟天子以令诸侯"，以天子的名义号召大家重新团结起来，这样，大家才愿意遵守。

当时的中国大地，中原各诸侯国之间有相同的文化基因，大家都是农耕文明，有土地、有城市，人民居有定所，而夷狄则是游牧部落，以放牧、打猎为生，人民居无定所。一旦遇上恶劣天气，放牧和打猎都不能吃饱肚子了，那他们就发动战争，抢夺中原各国的食物和财富。所以，齐桓公一提出"攘夷"，中原各诸侯国都表示赞同，为了达到"攘夷"的目的，"尊王"也可以接受。毕竟，我们以前就"尊王"过。

就在齐国蒸蒸日上之际，鲁国发生了内乱，一个叫庆父的人刺杀了新即位的国君，另立一庶子为国君，即鲁闵公。后庆父又将鲁闵公杀掉。在鲁国内乱之际，齐国非但没趁机进攻鲁国，还设法帮助鲁国稳定局面。等鲁僖公当上国君后，齐国立刻与鲁国结成了友好盟国。是为"安鲁"。

狄人发兵进攻邢国，邢国抵挡不住。齐国出兵相助，救了邢国。是为"救邢"。狄人攻击卫国，卫国也抵挡不住，大败，连卫懿公都被杀了。齐桓公这时又派自己的儿子公子无亏带兵去援救卫国。差点被灭掉的卫国由此得以保存。是为"存卫"。

干过"安鲁"、"救邢"、"存卫"三件大好事之后，齐桓公得到了中原各诸侯国的普遍拥戴，大家都认为齐国仗义，齐桓公有"带头大哥"的样子。于是大家公认齐国为霸主国，齐桓公为"霸主"，他是春秋时期第一个当上霸主的诸侯，所以被称为"春秋首霸"。

霸主不但要带头"尊王"，更要带头"攘夷"。齐桓公之"攘夷"，主要分北伐山戎与南征强楚两大部分。

齐桓公二十三年（公元前 663 年），居冀北的山戎屡次侵犯燕国，燕国向齐国求救。齐桓公与鲁庄公在济水相会，商讨共伐山戎之事。鲁庄公表面答应，却又按兵不动。齐桓公与管仲、隰朋率兵北伐，击败了山戎，救了燕国。

北讨山戎之外，就是南面伐楚。楚国一直以蛮夷自居，连年进攻中原各国，先后伐随、伐申、灭邓、灭息，对中原各国构成了强大的威胁。为了抵御楚国，公元前 656 年（鲁僖公四年），齐国联合鲁、宋、陈、卫、郑、许、曹，组成"八国联军"，先击溃了楚国的盟国蔡国，之后又乘楚不备，挥师伐楚。

楚国看情况不妙，赶紧进行谈判。谈判中，楚国表示遵守齐桓公制定的"尊王"原则，答应重新向周天子"进贡"，同时承认齐国的霸主国地位，听从齐国指挥。于是齐桓公与楚国使者屈完在召陵（今河南郾城）签订了盟约。《齐桓公伐楚盟屈完》一文讲述的就是这件事。此次伐楚，齐桓公率领的诸侯联军虽没有对楚国穷追猛打，但达到了让楚国承认周天子地位、不再侵略中原各国的战略目的。

齐桓公北抗狄、南伐楚，安内攘外，保护了中原经济和文化的发展，是有很大历史功绩的。

附：《齐桓公伐楚盟屈完》

——《左传·僖公四年》

四年春，齐侯以诸侯之师侵蔡。蔡溃，遂伐楚。楚子使与师言曰："君处北海，寡人处南海，唯是风马牛不相及也，不虞君之涉吾地也，何故？"管仲对曰："昔召康公①命我先君大公曰：'五侯九伯，女②实征之，以夹辅周室。'赐我先君履，东至于海，西至于河，南至于穆陵，北至于无棣。尔贡包茅不入，王祭不共，无以缩酒，寡人是征；昭王南征而不复，寡人是问。"对曰："贡之不入，寡君之罪也，敢不共给？昭王之不复，君其问诸水滨。"

师进，次于陉③。

注释

①召（shào）康公，周成王时的太保召公奭（shì），是周文王的第五子，他辅佐了多位周朝君主，包括周武王、周成王和周康王，是西周时期的重要政治人物，位列三公之一，"康"是他的谥号。

②女，同"汝"。

③陉（xíng），山名，在今河南省郾城县南。

《齐桓公伐楚盟屈完》一文，记述的是春秋时期齐楚两国之间的一场军事和外交斗争。事情发生在鲁僖公四年（公元前656年），这一年的春天，齐桓公率领诸侯国大军去偷袭蔡国。蔡国的军队被打垮了，齐桓公遂率军继续南下，讨伐楚国。这里的"齐侯"指的是齐桓公，他是"春秋五霸"中的第一位霸主。当时，他以霸主的身份率领齐、宋、鲁、陈、卫、郑、许、曹八个诸侯国的军队去攻打蔡国,蔡国很快就被打败了。当时的楚国处在南方,国力比较强大,屡次侵扰中原的盟国,所以齐桓公就借机伐楚,想让楚国臣服。

楚国怎么应对呢?面对着齐国气势汹汹的攻势,楚国首先派出使者来与齐桓公谈判。他派遣使者到齐桓公率领的诸侯联军军中说:"君王住在北方,我住在南方,纵使牛马跑散也不会到达彼此的边境。不料君王来到我国境内,这是什么缘故?"这里解释一下"风马牛不相及",马与牛不是同一类动物,雌性的马不会引诱雄性的牛,雌性的牛也不会引诱雄性的马,这就叫"风马牛不相及",意思是两者毫不相干。楚国的使者说这句话,意思是齐和楚两国毫不相干,你干嘛带兵来讨伐我呀?这句话中的"不虞"就是"不料"的意思。

面对楚国使者的外交谈判,齐桓公让国相管仲去回答。先说管仲,管仲是齐国的国相,春秋时期著名的政治家,正是他辅佐齐桓公,在齐国进行了一系列的改革,齐国才由此强大起来,成了春秋时期第一个霸主国。再看这里提到的"召康公",他是周成王时的太保召公奭,这个人是个有名的贤者。"太公"指的是姜太公,也就是齐国的第一任国君。"五侯九伯",这里的五和九都是虚数,泛指很多诸侯。那么这段话的意思就是,管仲回答楚国的使者说:"从前召康公命令我们齐国的第一位君主太公说:'天下诸侯,你都可以征伐他们,以从旁辅佐周室。'赐给我们齐国的第一位君主征伐的范围,东到大海,西到黄河,南到穆陵,北到无棣。你们应该贡献的包茅不按时送来,不供应周王祭祀的用品,没有什么用来滤酒祭神,我特来向你征询这件事。周昭王南巡到楚国没有返回,我特来向你征询这件事。"这里的"穆陵"是地名,在今天山东临朐县南一百里处有穆陵关。"无棣"也是地名,在今天山东无棣县北。"包茅"指的是包束成捆的青茅，春古代祭祀时把酒倒在青茅上，酒透过青茅浸到了地里，而酒渣滓留了下来。这个过程就叫缩酒。"昭王南征而不复"指的是周昭王南征楚国时渡汉水，船漏被淹死了，南征行动由此失败。这个事件发生在公元前976年，当时还是西周，距离齐桓公这次伐楚已经300多年了。管仲的这段话，为齐桓公伐楚找了两个理由。第一，楚国不向周天子纳贡。齐桓公现在是诸侯国的霸主了，你楚国不向周天子纳贡，等于不承认周天子的权威，这个要问责；第二，周昭王当年南征，死在了你们楚国境内，你们楚国有谋害周天子的嫌疑，这个历史事件你们楚国也得给个明确的说法。

面对管仲的两条伐楚理由，楚国使者的回答也是不卑不亢，这个楚国使者回答："贡物没有进贡给周天子，这个确实是敝国国君的罪过，岂敢不供给？我们以后进贡就是了。至于昭王南征时死在了我们楚国境内这件事，君王还是到汉水边上去查问吧！"意思是说，这件事都过去300多年了，你拿300多年前的旧事，问责今天的楚国国君，我们今天的楚君怎么能为300多年前的事情负责呢？这个理由显然不成立。

"外交活动"到此就暂告一个段落了，谈判没谈成。接下来，齐桓公率领的联军采取军事行动，"师进，次于陉。"齐桓公率领的诸侯国联军继续前进，驻扎在陉地，陉地在今天河南省郾城县南。然后两军就开始在这个地方对峙。

夏，楚子使屈完如师，师退，次于召陵。齐侯陈诸侯之师，与屈完乘而观之。齐侯曰："岂不穀[①]是为，先君之好是继。与不穀同好，如何？"对曰："君惠徼[②]福于敝邑之社稷，辱收寡君，寡君之愿也。"齐侯曰："以此众战，谁能御之？以此攻城，何城不克？"对曰："君若以德绥[③]诸侯，谁敢不服？君若以力，楚国方城以为城，汉水以为池，虽众，无所用之！"屈完及诸侯盟。

"春秋首霸"的仗义之举

注释

①不穀（gǔ）：古代诸侯的谦称。

②徼（yāo）福：徼，"求"的意思。

③绥（suí）：安抚。

齐桓公率领诸侯联军和楚国军队在陉地对峙，从春天一直僵持到夏天。到了夏天的时候，楚成王再次派出使者屈完前往诸侯军中谈判。这次谈判有一些收获，于是，齐桓公率领的诸侯联军，向后撤退，驻扎在了昭陵，召陵在今天河南省郾城县东。接下来继续谈判，齐桓公陈列诸侯军队，与屈完同乘一辆战车观看。这是在炫耀武力，等于搞一次军事演习，让屈完看一看我的军事实力多么强大。

在一同观看军事演习的时候，齐桓公说："这次用兵难道是为了我自己吗？这是为了继承先君建立的友好关系，你们楚国与我们继续友好，如何？"这是再次开启谈判，希望楚国做出一点让步，齐桓公也可以体面地撤军。

屈完回答："齐国君主您光临敝国，并为我国的社稷求福，承蒙接纳敝国为盟国，这正是我国国君的愿望。"意思是我们楚国愿意承认齐国的霸主国地位，重新向周天子纳贡。

齐桓公说："以这样的军队来作战，谁能抵抗他们？以这样的军队来攻城，什么城池不能攻破？"谈判已经达到目的了，齐桓公还是不忘炫耀一下武力。

屈完的回答也是沉稳冷静、不卑不亢，屈完回答："如果您以德行安抚诸侯，谁敢不服从？如果您用武力，楚国以方城作为城墙，以汉水作为城河，你们联军虽多，也没有地方使用他们。"这里的"方城"是山名，在今天河南省叶县南。

"屈完及诸侯盟。"于是，屈完就和齐桓公率领的诸侯联军签订了盟约。

解析

这篇文章精彩之处就在于，它不是用叙述语言来介绍这次伐楚行动的全过程，而是通过先后出场的四个历史人物，用他们富有个性的语言来展示双方的矛盾，并推动事件一步步向前发展，直到双方达成妥协，订立盟约。这样的写法，不仅让我们明白了这场外交斗争的性质及其过程，还让我们看到了各具情貌的四位历史人物。楚国的两位使者，既懂得合理让步，又坚守外交底线，很有外交智慧；齐国的相国管仲，谙熟历史掌故，在外交谈判中引经据典，拥有无理也能说出有理的辩论才能；一代霸主齐桓公，虽然骄横霸道、软硬兼施，却也知进知退，气度雍容。更难得的是，这四个人的外交辞令，虽然各具特色，但都不做作，不生硬。彼此之间即使针锋相对，也不疾言厉色，刚柔之间的分寸感拿捏得极好。

知识拓展

想一想，如果你是屈完，在与齐桓公率领的诸侯联军会盟之后，回去如何向楚王汇报这次谈判的过程？

楚庄王 "问鼎中原"

"问鼎中原"这个词你一定听说过吧？那你知道这个词的最早出处及相关故事吗？

最早"问鼎中原"的人叫楚庄王，是春秋时代的一位霸主。

楚庄王是楚穆王的儿子，他从老爸那里继承了王位，开始时并没把心思花在治理国家上，整天就知道饮酒作乐，还下令说谁敢劝谏就杀谁。这样醉生梦死的日子，他一连过了三年，直到一个叫伍举的大夫来劝谏他。

伍举的劝谏很巧妙，他跟楚庄王说："有人让我猜一个谜语，我怎么也猜不出，特此来向您请教。"

楚庄王当时正在喝酒，就问："什么谜语，这么难猜？说来听听！"伍举说："谜语是'楚京有大鸟，栖上在朝堂，历时三年整，不鸣亦不飞'。这到底是只什么鸟呢？"

楚庄王一听，就明白了伍举是在讽谏自己。他回答："这可不是一只普通的鸟，这只鸟啊，三年不飞，一飞冲天；三年不鸣，一鸣惊人。你等着瞧吧。"伍举明白了楚庄王的意思，便高兴地退了出来。

可过了一段时间，楚庄王依旧如故，既不"鸣"，也不"飞"，还是整天饮酒作乐。因此，一个叫苏从的人又去劝谏。他一进宫门，就大哭起来。楚庄王说："先生，你为什么事这么伤心啊？"

苏从回答道："我为自己就要死了伤心，还为楚国即将灭亡伤心。"

楚庄王很吃惊，便问："你怎么能死呢？楚国又怎么能灭亡呢？"

苏从说："我想劝告您，您听不进去，肯定要杀死我。您整天观赏歌舞、饮酒作乐、不管朝政，楚国的灭亡不就在眼前了吗？"

楚庄王听完大怒，斥责苏从："你是想死吗？我早就说过，谁来劝谏，我便杀死谁。如今你明知故犯，真是愚蠢！"

苏从十分痛心地说："我是傻，可您比我还傻。倘若您将我杀了，我死后将得到忠臣的美名；您若是再这样下去，楚国必亡。您就成亡国之君了。您不是比我还傻吗？言已至此，您要杀就杀吧！"

楚庄王忽然站起来，动情地说："大夫的话都是忠言，我必定照你说的办。"随即，他就下令解散了乐队，打发了舞女，开始上朝听政。听政之后，楚庄王杀了几百个贪官污吏，提拔了几百个有德有才之士，还重用伍举和苏从，国家很快就上了正轨，楚国人非常高兴。楚国是一个大国，楚庄王励精图治地治理之后，很快就强盛了起来，当年就灭掉了庸国，三年之后又讨伐宋国，缴获了五百辆战车。

楚庄王八年（公元前606年），楚庄王伐陆浑（今河南嵩县北）地区的戎族部落，一直打到洛水边，在周王室的边境举行军事演习，向周天子示威。看到来者不善，周天子赶紧派大夫王孙满去慰劳楚庄王。楚庄王借机向王孙满询问周鼎的大小轻重，意欲移鼎于楚，充分暴露了他称霸天下的野心。

王孙满的回答很巧妙，他说："称霸天下在于德行而不在于鼎。以前，夏代刚刚拥立有德之君时，以九州进贡的金属铸成九鼎，并在上面铸各种的图案，以祈求上天赐给百姓美好的生活。结果夏桀昏庸无德，九鼎迁到商朝，时间长达六百年。商纣残暴，九鼎又迁到周朝。如果天子道德高尚美好，九鼎虽小，也重得无法迁走。如果天子道德败坏，九鼎再大，也轻得可以迁走。上天赐福给有德行的人，福德是有期限的。周成王将九鼎固定安放在王城时，曾预卜周朝传国三十代，享国七百载，这个期限是上天所决定的。周朝现在虽然衰落，但是天命还未更改。所以九鼎的轻重，你不可以询问。"

王孙满的回答不卑不亢，以"在德不在鼎"打消了楚庄王的野心。楚庄王意识到取代周王室条件还不成熟，便退兵了。这便是"问鼎中原"一词的由来。

楚庄王是春秋时期的霸主之一，"问鼎中原"之举暴露了他欲取周天子而代之的野心，但是，王孙满不卑不亢地告诉他"鼎之轻重，未可问也"之后，他也不得不就此止步，不敢进一步挑衅了。

楚庄王之前，齐桓公也当过霸主，齐桓公"首霸"时打出的旗号是"尊王攘夷"。那个时候，齐桓公虽可以号令诸侯的霸主，但他对周天子还是很尊重的。在鲁僖公九年（公元前651年）的"葵丘会盟"中，周襄王赐给齐桓公祭肉，齐桓公坚持下阶拜谢，然后再登堂行接受祭肉的臣子之礼，在礼节上对周天子谦恭之至。四十多年之后，楚庄王称霸，他就敢于向周天子的使者"问鼎"了。当然，他最后也仅止于"问"而已，并不敢用武力"迁鼎"。

附：《王孙满对楚子》
——《左传·宣公三年》

楚子①伐陆浑之戎②，遂至于雒，观兵于周疆。定王使王孙满劳③楚子。楚子问鼎之大小、轻重焉。

注释

①楚子：楚庄王。名侣。

②陆浑之戎：允姓之戎人，原属于陆浑，今甘肃敦煌西，僖公二十二年迁于伊川，今洛南嵩县及伊川一带。

③劳（lào）：慰劳。

这一段上来就把事情的起因交代清楚了，楚庄王讨伐陆浑的戎族部落（今甘肃敦煌一带的少数民族），打败了他们，来到了洛水（今洛阳），在周王室的边境上进行军事演习。这一段中，"楚子"指的是楚庄王，"春秋五霸"之一。楚国受封时是子爵，但"不服周"，自称王。"陆浑之戎"是我国古代西北地区民族之一，原居秦、晋西北，后迁伊川，在今河南嵩县东北。"观兵于周疆"就是指在周王室的边境上进行军事演习，炫耀武力。楚庄王都跟周天子炫耀武力了，那周天子得做出反应呀。于是，他派大夫王孙满去慰劳楚庄王。楚庄王借机问起了九鼎的大小和轻重。"九鼎"相传为夏禹所铸，为夏、商、周三代的国宝。此句为"问鼎"的最早出处，在当时，诸侯国问周天子"鼎之轻重"是一种僭越之举。

对曰："在德不在鼎。昔夏之方有德也，远方图物，贡金九牧，铸鼎象物，百物而为之备，使民知神、奸。故民入川泽山林，不逢不若。螭魅①罔两②，莫能逢之。用能协于上下，以承天休。桀有昏德，鼎迁于商，载祀六百。商纣暴虐，鼎迁于周。德之休明，虽小，重也。其奸回昏乱，虽大，轻也。天祚明德，有所厎止。成王③定鼎于郏鄏④，卜世三十，卜年七百，天所命也。周德虽衰，天命未改。鼎之轻重，未可问也。"

注释

①螭魅（chī mèi）：山林里的鬼怪。

②罔两（wǎng liǎng）：水里的鬼怪。

③成王：周成王。

④郏鄏（jiá rǔ）：周地，在今河南洛阳西北。

面对楚庄王带有挑衅性的问题，王孙满的回答有理有力有节，水平非常高。这是先定调子，告诉楚庄王，治理天下最重要在于有没有德行而不在于有没有鼎。接下来又讲鼎的历史，从前夏代刚刚拥立有德之君的时候，远方的人进献了描绘各种奇异事物的图像，九州进贡了各地出产的金属，夏禹就用这些金属铸成了九鼎，上面铸有奇异的事物。鼎上把各种事物都描绘出来了，百姓也就懂得哪些是神、哪些是邪恶的事物。这里的"九牧"指的是九州的首领。大禹建立夏朝之后，把中国分为九州，九州的首领就称为九牧。大禹铸了九鼎之后，百姓认识了各地的野兽，他们再进入江河湖泊和深山老林，也就知道躲避这些恶兽了。像山精水怪之类的，就不会碰到。这里的"不逢不若"，"不若"指的是不利之物，比如各种猛兽。"螭魅罔两"指山林和水中的各种鬼怪。鼎的作用就是使上下和谐，承受上天赐福。夏桀昏庸无德，夏朝灭亡了，九鼎随之迁到了商朝，商朝历时六百年。商纣王残暴，商朝又灭亡了，九鼎随之迁到了周朝。这说的是九鼎在历史上的流转。如果天子道德高尚美好，九鼎虽小，也重得无法迁走。如果天子道德败坏，九鼎再大，也轻得可以迁走。上天赐福给有德行的人，是有最终年限的。"底止"，指最终的年限。周成王将九鼎固定安放在王城时，曾占卜周朝的期限，传国三十代，享国七百载，这个期限是上天所决定的。周朝现在虽然衰落了，但是天命还未更改。所以九鼎的轻重，你是不可以问的。

解析

我们可以看出，这篇文章主要是围绕着"霸"与"德"之间的矛盾展开的。楚庄王是春秋时期的一代霸主，他借北伐陆浑戎族部落的机会，移兵洛邑，在周王室的边境进行军事演习，炫耀武力。周天子只能派大夫王孙满前去慰劳——说是慰劳，实际上是进行外交斡旋。见面后，楚庄王上来就问鼎之大小轻重，对其欲取周王室而代之的野心毫不掩饰。

知识拓展

面对霸道的楚庄王，王孙满从容不迫，据理力争。针对楚庄王的"问鼎"野心，他说"在德不在鼎"，立论居高临下，坚不可摧。接下来又引经据典，通过夏、商、周的历史变迁讲述了鼎的来历及几易其主的过程，进一步佐证了论点。王孙满告诉楚庄王，鼎随德迁，鼎的轻重不重要，有德与否才是最重要的，你"霸"而无"德"，还不配问鼎。况且，"周德虽衰，天命未改"，你根本就不该动"移鼎"的心思。这一段回答逻辑严密，步步为营，彻底打消了楚庄王的想法。王孙满的这段回答，看似短小，实则是一篇观点鲜明、论据完备的小议论文。

一位被流放的周天子

周厉王是西周的第十个君王，是一个很暴虐的统治者，他听信荣夷公的建议，实行"专利"，霸占了山川、湖泊、河流的物产，不准平民利用这些天然资源谋生，这些资源本来是共享的，他们"专利"之后，就只许自己谋利，不让老百姓分享了。

当时有一个叫芮良夫的大夫劝谏周厉王，说您身为君王却不与百姓分享利益，这怎么可以呢？并且还说，如果您非要重用这个重利忘义的荣夷公，周朝一定会败亡。可是，周厉王最终还是重用了荣夷公。

那时候，住在野外的农夫叫"野人"，住在都城里的平民叫"国人"。周都镐京的国人不满周厉王的暴虐措施，怨声载道。大臣召公虎听到国人的议论越来越多，就劝谏周厉王说："不要施加重税，不要忽视民怨，不要堵塞民众的言路。百姓忍受不了啦，大王如果不趁早改变做法，出了乱子就不好收拾了。"

一位被流放的周天子

周厉王满不在乎地说："你不用急，我自有办法对付。"于是，他下了一道命令，禁止国人批评朝政。还找来卫国的巫师，说："如果发现有人在背后诽谤我，你就立即报告。"被卫巫报告的人，周厉王就把他们杀掉。于是，国人真的不敢在公开场合里议论了。人们在路上碰到熟人，也不敢交谈，只能用眼神互相示意。

厉王见卫巫报告批评朝政的人没有了，十分满意。兴冲冲地告诉召公："我能制止人们的非议了，他们再也不敢胡说了！"

召公听了周厉王制止非议的经过，大惊说："这是用强制的手段来堵住民众的嘴啊！"周厉王不明白，他进一步解释说："堵住民众的嘴巴，其结果比堵塞急流直下的河流还要严重。河道被堵就会决口泛滥，即便有再多的战士抢险救灾，也肯定会伤害很多人，对于国民的议论难道不是如此吗？正因为如此，治水的人便要排除淤塞，使其畅通，统治人民的人便要引导民众，让他们广泛的发表议论。"

可是，周厉王就是不听召公的劝告，继续对百姓进行暴虐统治。结果过了三年，国人忍无可忍，镐京（今陕西西安）的国人集结起来，举行了一次大规模的暴动，推翻了周厉王的统治，周厉王逃离镐京，沿渭水一直逃到了彘（今山西霍县东北）。

流放了周厉王之后，朝廷里没有了国王，国家怎么管理呢？经商议，就由召公和周公二人共同主持高层会议，代替周天子行使职权，这种治理模式在历史上被称为"共和行政"。共和行政维持了十四年。共和元年就是公元前 841 年，也正是从这一年开始，中国历史才有了确切的纪年。

附：召公谏厉王弭谤
——《国语》

厉王虐，国人谤王。召公①告曰："民不堪命矣！"王怒，得卫巫，使监谤者。以告，则杀之。国人莫敢言，道路以目。

注释

①召（shào）公：名虎，谥穆公。邵，一作召。

中国古代历史学家有尚实录、寓褒贬的优良传统，他们既忠于历史真实，又善于从那些历史事件中挖掘出带有普遍性、规律性的东西，以供后人借鉴。《召公谏厉王弭谤》就是如此，它通过记述周厉王被放逐的过程，告诉人们一条真理："防民之口，甚于防川。"即是说，如果统治者滥施暴政，且又堵塞言路，终将自食其果。

周厉王是历史上有名的暴君，他是周夷王之子，名胡，公元前878年至公元前842年在位。周厉王统治暴虐，百姓纷纷指责他。这里的"国人"指的是居住在国都里的人。在周朝，居住国都及附近的人称为"国人"，住在远离国都地区的人称为"野人"。周厉王手下的大臣召公就对厉王说："老百姓忍受不了暴政了！"劝周厉王采取措施，缓解阶级矛盾。结果周厉王不但没听劝告，反而勃然大怒，他找来卫国的巫师，让卫国的巫师去监视批评君王的人，遇到有人批评就报告，谁批评厉王就杀掉谁。"卫巫"，卫国的巫者。巫者是古代靠占卜、巫术为生的人。

"谤者"，指批评周厉王的人。这么一来，国人都不敢说话，路上相见，以目示意，不敢交谈。

王喜，告召公曰："吾能弭①谤矣，乃不敢言。"召公曰："是障之也。防民之口，甚于防川。川壅②而溃，伤人必多，民亦如之。是故为川者决之使导，为民者宣之使言。故天子听政，使公卿至于列士献诗，瞽③献曲，史献书，师箴④，瞍赋⑤，矇⑥诵，百工谏，庶人传语，近臣尽规，亲戚补察，瞽、史教诲，耆、艾修⑦之，而后王斟酌焉，是以事行而不悖⑧。民之有口也，犹土之有山川也，财用于是乎出；犹其原隰⑨之有衍沃也⑩，衣食于是乎生。口之宣言也，善败于是乎兴。行善而备败，其所以阜财用衣食者也。夫民虑之于心而宣之于口，成而行之，胡可壅也？若壅其口，其与能几何？"

注释

①弭（mǐ）：消除。

②壅（yōng）：堵塞。

③瞽（gǔ）：盲人。因古代乐官多由盲人担任，故也称乐官为瞽。

④师箴：师，少师，乐官。箴是指一种具有规诫性的文辞。

⑤瞍（sǒu）赋：盲人；赋，有节奏地诵读。

⑥矇（méng）：盲人。瞍矇均指乐师。

⑦耆（qí）艾：年六十叫耆，年五十叫艾。这里指年长的师傅。修：整理修饰。

⑧悖（bèi）：违背道理。

⑨原隰（xí）：平原和低湿之地。

⑩衍沃：指平坦肥沃的良田。

国人都不敢说话了，在路上遇见了都只靠眼神示意。打压提出批评意见的人到了这个程度，实在可怕。可是，周厉王却觉得这样很好，他很高兴，

一位被流放的周天子

颇为得意，对召公说："我能消除指责的言论，他们再也不敢吭声了！"召公回答说："你这样做是堵住人们的嘴。堵住老百姓的嘴，好比阻塞河水。河流如果堵塞后再决堤，伤人一定很多，人民也是这样。因此治水的人疏通河道使它畅通，治民者只能开导他们而让人畅所欲言。所以君王处理政事，让三公九卿以至各级官吏进献讽喻诗，乐师进献民间乐曲，史官进献有借鉴意义的史籍，少师诵读箴言，盲人吟咏诗篇，有眸子而看不见的盲人诵读讽谏之言，掌管营建事务的百工纷纷进谏，平民则将自己的意见转达给君王，近侍之臣尽规劝之责，君王的同宗都能补其过失，察其是非，乐师和史官以歌曲、史籍加以谆谆教导，元老们再进一步修饰整理，然后由君王斟酌取舍，付诸实施，这样，国家的政事得以实行而不违背道理。最后，召公又做了一个总结，老百姓有口，就像大地有高山河流一样，人类的财富用度都从这里出来；又像大地有高低平洼各种类型的田地一样，人类的衣食资源全从这里产生。人们用嘴巴发表议论，政事的成败得失就能表露出来。人们认为好的就尽力实行，认为失误的就设法预防，这是增加衣食财富的途径啊。人们把心中所想的通过嘴巴表达，他们考虑成熟以后，就自然流露出来，怎么可以堵呢？如果硬是堵住老百姓的嘴，那能有什么帮助呢？"

王不听，于是国人莫敢出言。三年，乃流王于彘[①]。

注释

①彘（zhì）：地名，在今山西省霍县境内。

周厉王不听召公的劝谏，于是，老百姓也就再不敢出言批评周厉王。可是，这样做的最终结果是什么呢？三年之后，周厉王被国人放逐到彘地，也就是今天的山西省霍县。周厉王不听劝谏，最终尝到了恶果。

解析

　　厉王以为用高压手段就可以止谤，因而"大喜"，其实高压下的沉默，是火山喷发前的安静。召公明白这个道理，所以再次苦谏厉王。召公的谏词论理深刻、层次清晰，是全文的重点。这一段文字，前后都是比喻。前一个比喻，说明"防民之口"的害处；后一个比喻，说明"宣之于口"的好处。中间一段切入正题，以"天子听政"总领，从正面写天子该如何让各个阶层的人畅所欲言。人民畅所欲言，天子才能充分了解情况，然后经斟酌取舍，更好地治理国家。这是在告诉周厉王应该怎么做，是提供给周厉王的一份如何广开言路的"可行性报告"。如此一来，文章既有生动的比喻，又有严肃认真的"可行性报告"分析，有正说也有反说，逻辑清晰，说理透彻。

知识拓展

　　这篇文章最大的特点是修辞设喻，"防民之口，甚于防川"，"道路以目""川壅而溃"全文运用比喻的手法，贴切巧妙，论证生动。

"赵氏孤儿"的两个版本

历史事件在长期传播、演义的过程中，有时也会出现不同的版本。这时要验证出哪个真哪个假就非常考验一个人的智商——有时你光有智商还不够，你还必须积累足够的知识，经过仔细研究才能得出结论。还有一种情况更绝，明明知道一个历史事件有两个版本，很多人也进行了研究，可是仍不知道哪个真哪个假。这就成了"历史悬案"。

在中国流传甚广的"赵氏孤儿"的故事就是一件"历史悬案"。这个故事有两个版本，一个是《左传》版，一个是《史记》版，两个版本唯一一致的地方就是：晋国正卿赵盾死后，儿子赵朔继承了爵位，成了晋国的重臣，并娶了晋成公的姐姐赵庄姬做了夫人。后面的故事就得分版本表述了。

先看《左传》版：公元前 587 年，赵朔也死了。守寡的赵庄姬与赵盾同父异母的兄弟赵婴齐通奸。赵家人对这种乱伦事件当然看不惯。赵朔的另外两个叔叔赵括和赵同决定惩罚赵婴齐，将其放逐。赵婴齐说："有我在，栾书虽执政，也不敢对赵氏家族怎样，我一走，你们对付不了他，就麻烦了。"他想以此为由免于放逐，但赵括和赵同不同意，坚决放逐了赵婴齐。

情人被放逐后，赵庄姬很生气，后果很严重。她联合了对赵氏有积怨的栾氏、郤氏两大家族，在晋景公面前诬陷赵同和赵括谋反。晋景公信以为真，就清洗了赵家，不但赵同、赵括被杀，赵家的所有男人都遭到了株连。至此，赵庄姬才突然意识到一个问题，自己的儿子赵武也可能被杀掉，于是她赶紧带着赵武躲进王宫之中，赵武因此免于遇害。晋景公清洗赵家之后，就想把赵氏的土地赏给祁奚家族。此时，大臣韩厥说："赵氏家族的赵衰、赵盾、赵朔都对国家立过大功，可他们到现在都没有了后代，也失去了土地，这样让后来的人会怎么想呢？还有谁会愿意为国家尽忠呢？"韩厥的这句话使赵氏的封地被保留了下来，后来又封还给了赵武。赵武长大之后，赵氏家族重新兴盛了起来，赵武本人还做了正卿。

《史记》版则是这样的：赵盾死后，赵朔接班辅佐晋景公。屠岸贾陷害赵朔，准备发动对赵氏的攻击，大将韩厥让赵朔逃亡，赵朔不肯，说道："只要将军答应我，不让我赵氏断绝后代，我就死而无憾。"

屠岸贾不经晋景公允许便带着军队围攻赵朔居住的下宫，杀死了赵朔、赵同、赵括、赵婴齐等，并尽灭其族。赵朔的夫人赵庄姬当时怀了孕，逃回王宫，因她是晋成公的姐姐，所以没有被杀。她在王宫中躲了几个月后，终于分娩，生下了一个男婴，这就是赵武。屠岸贾很快知道了这个消息，去宫中搜索这个孩子。赵庄姬在无计可施的情况下只好行了一步险棋，她把男婴夹在胯下，祷告说："如果天要灭赵氏，你就哭，如果天不想灭赵氏，你就不要出声。"结果整个搜查的过程中，赵武都没有出声。

屠岸贾没有搜到婴儿，认为孩子肯定被偷偷转移走了，便向城外搜去。

这时，赵朔生前的好友程婴找来赵朔的门客公孙杵臼商议，设法保护"赵氏孤儿"。公孙杵臼问程婴："抚育这孤儿成人与死，哪个更难？"

程婴回答："死容易，抚育孤儿难。"

公孙杵臼说："那请你承担难的那件事，我去承担容易的，让我先死去吧。"

二人找了一个婴儿，将其穿上赵氏孤儿的衣服，藏在公孙杵臼家中。程婴找到搜查"赵氏孤儿"的人说："谁能给我千金，我马上把孩子的藏匿之处告诉他！"

屠岸贾很高兴，马上拿出千两黄金给了程婴。程婴二话没说就带人到了公孙杵臼的家门前。公孙杵臼见到程婴便破口大骂："程婴，你这个小人！当初下宫之难你没死，口口声声说要与我好好抚养赵氏孤儿，今天又把我卖了。你纵然是不能抚养孤儿，又怎能忍心出卖他呢！"说完公孙杵臼抱起孤儿大哭道："天哪，天哪！这个孩子有什么罪？请你们放过他吧，只杀我公孙杵臼就可以了。"这出双簧演得极其逼真，屠岸贾被骗，杀死了公孙杵臼和这个可怜的婴儿。至此，大家都以为"赵氏孤儿"已死。其实，真正的"赵氏孤儿"已被程婴藏匿在了山中，后来程婴抚养这个孩子慢慢长大。

晋景公十五年，晋景公突然病了，占卜之后，巫师说是因为冤杀了赵氏家族，赵家祖先赵盾的鬼魂前来"为祟"，找晋景公讨债。晋景公想给赵氏家族平反，就问韩厥："赵家还有后人吗？"韩厥知道程婴抚育赵武一事，就将实情和盘托出。

当年参与杀赵氏的诸将前来探视晋景公时，晋景公让韩厥带人将他们拿下。随后，又将赵武召回，立他继承赵家曾经的爵位。不久，赵武率军攻杀屠岸贾，替赵家报了仇。赵武当上高官后，程婴辞去公职，向诸大夫辞行，并告诉赵武说："当年你家遭遇大难，我没有死，就是因为要抚育你成人，今天这个愿望达到了，赵家也复位了，我可以问心无愧地去见赵朔和公孙杵臼了。"

赵武哭着对程婴说："您怎么能忍心离我而去呢？"

程婴说道："公孙杵臼把生的希望留给我，他自己选择了死，就是认为我能把你养育成人，今天事情办完了，我也该履行我之前的承诺了。"说完，程婴就自杀了。赵武为程婴"服齐衰三年，为之祭邑，春秋祠之，世世勿绝"。

两个版本的"赵氏孤儿"，到底哪个是真正的历史真相呢？还真不好说。《左传》和《史记》都是伟大的历史著作，今人很难拿出确切的证据证明哪一个是错的。不过有一点可以肯定，那就是各种戏剧、电影等所表现的"赵氏孤儿"，采用的底本均是《史记》版。为什么呢？很简单，因为《史记》版的"赵氏孤儿"剧情更紧张、冲突更激烈。

不过，可以肯定一点："赵氏孤儿"确有其人，他就是赵武，是赵朔与赵庄姬之子。在真实的历史中，他长大之后也确实当上了晋国正卿（执政官），后人又称他为晋献文子。而且，在他主政期间，晋国和楚国达成了外交和解，晋、楚两国举行了弭兵会盟。会盟之后，中原地区实现了四十多年的和平。

除军国大事之外，发生在"赵氏孤儿"身上的一件小事也颇为有趣。在当正卿期间，赵武主持修建了一座宫殿。宫殿落成之后，晋国各位大臣都送礼祝贺，出席落成典礼。一位叫张老的大臣参加了这次典礼，典礼之上，他发表祝词："这宫殿真高大呀，真华美呀！您将在这里祭祀、奏乐，您也将在这里居丧哭灵，您还将在这里与祖先聚会（暗指死后的牌位也被放在这里)。"

这话里面虽有赞美，但更多的恐怕是讽谏。放在一般人的身上，恐怕是要发怒的——你想呀，在人家喜庆的典礼上讲哭灵、放牌位之类的事多不吉利！好在赵武有修养，他不但没有发怒，而且接着说了一段话，他说："我赵武若真能够在这里祭祀奏乐，在这里居丧哭灵，在这里与祖先聚会（指牌位放在这里），也算无灾无难了，可以问心无愧地见九泉之下的祖宗了。"说完，向北方叩头祈祷。

附：晋献文子成室

——《礼记·檀弓下》

晋献文子成室，晋大夫发焉。张老曰："美哉轮焉！美哉奂焉！歌于斯，哭于斯，聚国族于斯。"文子曰："武也得歌于斯，哭于斯，聚国族于斯，是全要领以从先大夫于九京也。"北面再拜稽首。君子谓之善颂、善祷。

这篇古文非常简短，但很有韵味。晋献文子赵武新建的一处住所落成，晋国的大夫们都去送礼致贺。晋献文子，就是"赵氏孤儿"中的那个孤儿，他叫赵武，长大之后重掌大权，当了晋国的正卿。"发"在这里指送礼祝贺。其中有个叫张老的官员说："多美呀，如此高大宽敞！多美呀，如此金碧辉煌！您将在这里祭祀唱诗，在这里居丧哭泣，在这里宴请国宾、聚会宗族！""聚国族"，指宴集国宾，聚会宗族。晋献文子说："我赵武能够在这里祭祀唱诗，在这里居丧哭泣，在这里宴请国宾、聚会宗族，这说明我可以免于刑戮而善终，能跟先祖、先父一起长眠在九原！""全要领"是指免于受刑罚，这里的"要"通"腰"，"领"同"颈"。因为古代有腰斩、杀头等刑法，所以说"全要领"就代之免于刑法。"九京"指即九原，当时晋国卿大夫的墓葬地在这里，所以后世称墓地为"九京"。赵武说完这些话之后，朝北拜了两拜，叩头致谢。君子都称赞他们一个善于赞颂，一个善于祈祷。这是说张老在宫殿落成典礼上发表的祝词很好，很别致，晋献文子的祈祷词也意味深长，两个人都很有水平。

解析

为什么说这段对话"善颂善祷"？就是因为这段对话里面充满智慧。晋献文子修建的宫殿美轮美奂，堪称晋国的地标性建筑。为地标性建筑举行个落成典礼亦在情理之中，可是，再美轮美奂的建筑也是为人服务的，若仅局限于对建筑的赞美，而不谈及人事与人生，那岂不太目光短浅了？张老在赞美宫殿"美轮美奂"之后，立马将目光从建筑转向了人事、人生——"歌于斯，哭于斯，聚国族于斯"，这就是告诉晋献文子，您将在这所宫殿里所要做的事远比这所宫殿本身重要。晋献文子立即就明白了张老的用意，把张老的祝词稍加改动就变成自己的祈祷词："武也得歌于斯，哭于斯，聚国族于斯，是全要领以从先大夫于九京也。"这等于是在宣誓表决心：我愿意在这个宫殿里恪尽职守，以无愧于祖先。读这样的对话就像看两位高手对弈一样，表面上看似平平常常，实则暗流涌动，一来一往，皆有深意，暗藏机锋，说其"善颂善祷"真的一点也不过分。也正因为这一点，这篇小短文给后人留下了"歌哭于斯"的典故。

知识拓展

晚唐诗人杜牧写过一首标题很长的诗《题宣州开元寺水阁，阁下宛溪，夹溪居人》，这首诗中就用了这个典故，全诗如下——

六朝文物草连空，

天淡云闲今古同。

鸟去鸟来山色里，

人歌人哭水声中。

深秋帘幕千家雨，

落日楼台一笛风。

惆怅无因见范蠡，

参差烟树五湖东。

这是一首咏史怀古诗，诗人登临宣州（今安徽宣城）的开元寺水阁，看到水阁之下是宛溪，宛溪的两岸有人居住。这里曾是历史上的繁华之地，从三国到隋朝，共经历了东吴、东晋、南朝的宋、齐、梁、陈六个朝代。可是，曾经的繁华之地，如今已是衰草连天，不变的唯有天淡云闲，这一点倒是古今相同。此外，便是鸟儿在山色中飞去飞来，人们在宛溪两岸聚散歌哭，生生不息。深秋时节，雨丝密如帘幕，笼罩千家；落日之际，楼台上传出的笛声随风飞扬。此情此景，让诗人产生了归隐田园的想法，他虽然为不能见到范蠡本人而踌躇，但范蠡归隐之后泛舟的五湖尚在。自己想效仿范蠡功成身退、归隐江湖也还来得及。

这首诗中，"鸟去鸟来山色里，人歌人哭水声中"是传诵千古的名句，而"人歌人哭"的说法，即化用了《晋献文子成室》中"歌于斯，哭于斯"的说法。

一个帅哥的劝谏之道

齐威王当政之初很不靠谱，一心享乐，根本不理治国之事。结果，齐国不但遭到韩、赵、魏等大国的侵略，而且就连很弱小的鲁国、卫国都敢兴兵伐齐。到了这个地步，齐国真的是一点大国的尊严都没有了，"太伤自尊了"。就在这个时候，邹忌登场了。

邹忌是个大帅哥，长得又高又帅。他来到王宫，对侍臣说："听说大王爱弹琴，我特地前来拜见，为大王抚琴"。

齐威王是个音乐发烧友，喜欢弹琴，以为找到同道，就立即召见了邹忌。

邹忌走进后宫，先听齐威王弹琴。听完后，他连声称赞道："好琴艺呀！好琴艺……"齐威王不等邹忌称赞声落音，连忙问道："我的琴艺好在哪里？"

邹忌躬身一拜道："我听大王那大弦弹出来的声音十分庄重，就像一位明君的形象；我听大王那小弦弹出来的声音是那么清晰明朗，就像一位贤相的形象；大王运用的指法十分精湛纯熟，弹出来的每个音符都十分和谐动听，该深沉的深沉，该舒展的舒展，既灵活多变，又相互协调，就像一个国家条理分明的政令一样。听到这样悦耳的琴声，怎么能不令我叫好呢！"

邹忌接着说道："弹琴和治理国家一样，必须专心致志。琴弦好似君臣之道，大弦音似春风浩荡，犹如君也；小弦音如山涧溪水，犹如臣也；应弹哪根弦就认真地去弹，不应该弹的弦就不要弹，这如同国家政令一样，琴弦配合协调，才能弹奏出美妙的乐曲，这正如君臣各尽其责，才能国富民强、政通人和一样。弹琴和治国的道理是相通的！"

齐威王说："先生，你的乐理是说到我的心坎上了，但是光知道弹琴的道理还不够，必须审听琴音才行，请先生试弹一曲吧。"

邹忌于是两手轻轻舞动，只摆出弹琴的架势，却并没真的去弹。齐威王见邹忌如此这般，恼怒地指责道："你为何只摆空架子不去真弹琴呢？难道你欺君不成？"

邹忌答道："臣以弹琴为业，当然要悉心研究弹琴的技法。大王以治理国家为要务，怎么可以不好好研究治国的办法呢？这就和我抚琴不弹，摆空架子一样。抚琴不弹，就没有办法使您心情舒畅；您有国家不治理，也就没有办法使百姓心满意足。这个道理请大王三思。"

这就是邹忌的本事。他总能兜着圈子劝谏。如果直来直去地劝谏，齐威王未必听得进去，可经邹忌这么一兜圈子，齐威王居然听进去了，说："善！"你说得太好了，那你就来当国相，帮助我治理国家吧。

好事来得就这么突然。邹忌凭说琴讽谏齐威王当上了齐相。

善于兜圈子讲道理（古人称之为讽谏）是邹忌的一大特点，既然对这个拿手，当然不能只用一次。面对齐国这个烂摊子，改革应该选择哪里作为突破口？邹忌又使出了他的看家本领——讽谏。这就是《邹忌讽齐王纳谏》的故事了。

附：邹忌讽齐王纳谏
——《战国策·齐策一》

邹忌修①八尺②有余，而形貌昳丽③。朝④服衣冠，窥镜，谓其妻曰："我孰与城北徐公美？"其妻曰："君美甚，徐公何能及君也？"城北徐公，齐国之美丽者也。忌不自信，而复问其妾曰："吾孰与徐公美？"妾曰："徐公何能及君也？"旦日，客从外来，与坐谈，问之客曰："吾与徐公孰美？"客曰："徐公不若君之美也。"明日徐公来，孰视之，自以为不如；窥镜而自视，又弗如远甚。暮寝而思之，曰："吾妻之美我者，私我也；妾之美我者，畏我也；客之美我者，欲有求于我也。"

注释

①修：这里指身高。

②尺：战国时的一尺约等于现在的23.1厘米。

③昳（yì）丽：光艳美丽。

④朝（zhāo）：早晨。

先说一下题目"邹忌讽齐王纳谏"，这里的"讽"指下级对上级以委婉曲折的言语进行规劝。"纳谏"，接受规劝。纳，接受，接纳。然后我们看原文，邹忌身高八尺多，而且容貌光鲜亮丽，很有风度。有一天早晨，他穿戴好衣帽，照着镜子，对他的妻子说："我与城北的徐公相比，谁更美丽呢？"他的妻子说："您美极了，徐公怎么能比得上您呢！"城北的徐公是齐国的美男子。邹忌不相信自己会比徐公美丽，于是又问他的小妾说："我和徐公相比，谁更美丽？"小妾说："徐公怎么能比得上您呢？"第

一个帅哥的劝谏之道

二天，有客人从外面来拜访，邹忌和他坐着谈话。邹忌问客人道："我和徐公相比，谁更美丽?"客人说："徐公不如您美丽啊。"又过了一天，徐公前来拜访，邹忌仔细地端详，觉得自己不如徐公漂亮；再照着镜子看看自己，更觉得远远比不上人家。这个邹忌是个很善于思考的人，他通过与徐公比帅，失败了之后就开始思考：明明我不如人家徐公长得帅，那为什么别人都说我长得比徐公帅呢? 晚上他躺在床上想这件事，最后得出结论，说："我的妻子认为我美，是偏爱我；我的小妾认为我美，是惧怕我；客人认为我美，是想要有求于我。"

于是入朝见威王，曰："臣诚知不如徐公美。臣之妻私臣，臣之妾畏臣，臣之客欲有求于臣，皆以美于徐公。今齐地方千里，百二十城，宫妇左右莫不私王，朝廷之臣莫不畏王，四境之内莫不有求于王；由此观之，王之蔽甚矣。"

于是邹忌就上朝拜见齐威王。然后跟齐威王说："我确实知道自己不如徐公美丽。可是我的妻子偏爱我，我的小妾惧怕我，我的客人对我有所求，他们都认为我比徐公美丽。这是讲发生在自己身上的事，然后拓展到治国方面，如今的齐国，土地方圆千里，有一百二十座城池，宫中的姬妾和身边的近臣，没有不偏爱大王的；朝廷中的大臣，没有不惧怕大王的；国内的百姓，没有不对大王有所求的；由此看来，大王受蒙蔽一定很厉害了。"

王曰："善。"乃下令："群臣吏民，能面刺寡人之过者，受上赏；上书谏寡人者，受中赏；能谤讥于市朝，闻寡人之耳者，受下赏。"令初下，群臣进谏，门庭若市；数月之后，时时而间进①；期年②之后，虽欲言，无可进者。

注释

①时时而间（jiàn）进：有时候有人偶然进谏。间进：偶然有人进谏。间：间或，偶尔，有时候。进：进谏。

②期（jī）年：满一年。期：满。

　　齐威王接受了邹忌的规劝，齐威王说："您说得太好了。"于是下了一道命令："所有的大臣、官吏、百姓，能够当面批评我过错的，可得上等奖赏；能够上书劝谏我的，可得中等奖赏；能够在众人集聚的公共场所指责、议论我的过失，并传到我耳朵里的，可得下等奖赏。"这里的"面刺"指当面指责。面，当面。刺，指责，议论。政令刚一下达，所有的大臣都来进言规劝，宫门庭院就像集市一样喧闹。几个月以后，有时偶尔还有人进谏。一年以后，即使想进言，也没有什么可说的了。

　　燕、赵、韩、魏闻之，皆朝于齐。此所谓战胜于朝廷。

　　齐威王纳谏取得了非常好的效果，燕、赵、韩、魏等国听说了这件事，都到齐国来朝见齐王。这就是人们所说的在朝廷上战胜了敌国。"战胜于朝廷"，意思是在朝廷上战胜别国，指内政修明，不需用兵，就能战胜敌国。

解析

　　这篇文章的主题是讲广开言路、虚心纳谏的重要性的。这个道理并不高深，但邹忌通过现身说法，从自己与徐公比美这个事一下子转换到齐威王治理国家一事，通过"私我""畏我""有求于我"三层逻辑链接，构思精巧。他以自己听不到真话讽喻齐威王也听不到真话，得出"王之弊甚矣"的结论，据此让齐威王广开言路，开门纳谏。整篇文章可谓步步为营。

此外，这篇文章的结构层次也非常别致，从头至尾一直采用三层排比的手法来写。妻、妾、客是三层；"私我""畏我""有求于我"是三层；"宫妇左右""朝廷之臣""四境之内"，是三层；上、中、下赏，是三层；"令初下""数月之后""期年之后"，又是三层。就邹忌的思想转变过程也是三层："熟视之，自以为不如"是第一层；"窥镜而自视，又弗如远甚"是第二层；然后到"暮寝而思之"是第三层，找出了矛盾的焦点。进谏的过程也是三层：邹忌现身说法，进行讽谏，这是第一层；齐威王"下令"广泛征求意见，这是第二层；最后使邻近的诸侯国都来入朝，"此所谓战胜于朝廷"，这是第三层。把握这个特点，不仅有利于我们阅读和背诵这篇文章，而且还可以从中体会结构层次的重要性——写文章不注意结构层次是不行的，结构层次太差或太平庸也不好。找到一种好的结构层次，往往文章已成功了一大半。

知识拓展

《战国策》是西汉文向根据战国时期史料整理编辑的。

唐朝名臣魏征说过："以铜为镜，可以正衣冠；以史为镜，可以知兴亡；以人为镜，可以明得失。"历代君主要成就一番霸业，身边没有几位敢进谏言的大臣是不成的；而劝谏能否有效，一方面要看君王是否贤明，另一方面要看劝谏者的方式方法。使"良药"既"爽于口"又"利于病"。

建议：查阅一下有关齐威王的其他故事。

太后也得送儿子去做人质

父母爱子女，就是让子女待在身边吗？就是向子女提供好的物质享受吗？与之相比，让子女承担必要的责任，经受历练，会不会是一种更好的爱呢？

战国时期的一则历史故事或许会有助于我们理解这个问题。

赵孝成王元年，秦国攻打赵国，连续攻克了三座城市。此时，赵孝成王年幼，由赵太后主持国政。赵国向齐国求救，齐国提出，必须让赵国的长安君去齐国当人质，齐国才肯出兵救赵。

长安君是赵太后的儿子，让自己的儿子去齐国作人质，赵太后不肯答应。大臣们极力劝说，赵太后很生气，对身边的大臣说："有哪个再来说要长安君为人质的，我就要把唾沫吐在他的脸上。"

最后，还是左师触龙有办法，他费尽心思，曲折劝谏，最后终于说服了赵太后，同意把长安君送到齐国作人质，以换取齐国出兵救赵国。

太后也得送儿子去做人质

　　触龙怎么说的呢？他说服赵太后的核心意思是"父母之爱子，则为之计深远。"意思是，父母疼爱孩子，最重要的是要为他的长远发展着想，不可只顾眼前。他跟赵太后说："现在您把长安君的地位提得很高，把肥沃的土地封给他，赐给他很多宝物，可是不乘现在使他有功于国，有朝一日您不在了，长安君凭什么在赵国立身呢？您如果为长安君的长远发展考虑，就应该让他在国家危难之际承担责任。这样，他为国家立下了功劳，就会得到国人的敬重，对他的长远发展大有好处。"

　　经触龙这么一番苦口婆心地劝谏，赵太后送长安君到齐国作了人质，齐国也出兵救了赵国。

附:《触詟①说赵太后》

——《战国策·赵策》

> 赵太后新用事,秦急攻之。赵氏求救于齐,齐曰:"必以长安君为质,兵乃出。"太后不肯,大臣强谏。太后明谓左右:"有复言令长安君为质者,老妇必唾其面。"

这篇文章一开头就说出了事情的起因,赵太后刚刚执政,秦国就加紧进攻赵国。这里的"赵太后"指的是战国时期的赵威后。"新用事"指刚刚主持国政。当时,赵国的国君赵孝成王年幼,无法执政,就由赵太后执政。赵太后向齐国求救。齐国说:"一定要用长安君来作人质,援兵才能派出。"长安君是赵太后宠爱的小儿子。先秦时,两国结盟,常以君主的子弟或大臣作为人质,住在盟国。让自己的小儿子作人质,赵太后起初不肯。赵太后不答应,大臣们极力劝谏。太后明白地告诉身边的近臣说:"有再说让长安君去作人质的人,我一定朝他脸上吐唾沫!"

> 左师触詟言愿见太后。太后盛气而揖之。入而徐趋,至而自谢,曰:"老臣病足,曾不能疾走,不得见久矣,窃自恕,而恐太后玉体之有所郄①也,故愿望见太

---

① 詟:清朝学者王念孙考证,"触詟"实为"触龙"。因为古书是竖排的,今人整理时因为龙言二字距离太近而误合为"詟"字。1973年长沙马王堆出土的帛书证实了王念孙的论断正确。

后。"太后曰："老妇恃辇而行。"曰："日食饮得无衰乎?"曰："恃鬻^②耳。"曰："老臣今者殊不欲食，乃自强步，日三四里，少益嗜食，和于身。"太后曰："老妇不能。"太后之色稍解。

注释

①郄：同"隙"，身体不适。

②鬻（zhù）：粥的本字。

大臣劝谏不成之后，本文的主角触龙登场了。左师触龙希望去见太后，太后气势汹汹地等着他。左师是官名。触龙 是当时赵国的一位老臣。触龙来到宫中，做出快步走的姿势，慢慢地挪动脚步，到了太后跟前谢罪道："我脚上有毛病，不能快步走。好久都没见您了，我怕您贵体有什么不适，所以想来见见您。"太后道："我靠坐车走动。"

触龙又问："每日饮食该不会减少了吧?"

太后说："不过吃点稀饭罢了。"

触龙说："我近来特别不想吃东西，却勉强散散步，每天走三四里，稍稍增加了一些食欲，身体也舒畅了些。"

太后说："我做不到啊。"

两个老人上来先问候了一番各自的健康及饮食状况，这样一来，气氛果然缓解了。太后的怒色稍稍地消了些。

左师公曰："老臣贱息舒祺，最少，不肖；而臣衰，窃爱怜之。愿令得补黑衣之数，以卫王宫。没死以闻。"太后曰："敬诺。年几何矣?"对曰："十五岁矣。虽少，愿及未填沟壑而托之。"太后曰："丈夫亦爱怜其少子乎?"对曰："甚于妇人。"太后笑曰：“妇人异甚。”对曰：“老臣窃以为媪①之爱燕后贤于长安君。”曰：“君过矣！不若长安君之甚。”左师公曰：“父母之爱子，则为之计深远。媪之送燕后也，持其踵，为之泣，念悲其远也，亦哀之矣。已行，非弗思也，祭祀必祝之，祝曰：‘必勿使反。’岂非计久长，有子孙相继为王也哉？”太后曰：“然。”

注释

① 媪（ǎo）：对老年妇女的尊称。

谈完了健康状况，该谈正事了，左师触龙说：“老臣的儿子舒祺年岁最小，不成器得很，而我已经衰老了，心里很怜爱他，希望他能充当一名卫士，来保卫王宫。我特冒死来向您禀告。”这里的“贱息”，是触龙对自己儿子的一种谦称，“息”，指儿子，“贱”是谦称。“黑衣”指的是当王宫的卫士。因为战国时王宫的卫士都穿黑色军服，所以就用“黑衣”代指卫士。

太后说：“好吧。他多大了？”

触龙说：“十五岁了。虽然他还小，我却希望在我没死之前把他托付给您。”“填沟壑”在这里代指死。人死后埋于地下，故称为“填沟壑”，这也是一种谦称。

太后问道：“男子汉也爱他的小儿子吗？”

触龙回答：“比女人还爱得很哩！”

太后答道：“女人格外疼爱小儿子。”

触龙说：“我私下认为您对燕后的爱怜超过了对长安君的爱。”

太后说：“您说错了，我对燕后的爱远远赶不上对长安君啊！”

触龙回答：“父母疼爱自己的孩子，就必须为他考虑长远的利益。您把燕后嫁出去的时候，拉着她的脚跟，还为她哭泣，不让她走，想着她远嫁，您十分悲伤，那情景够伤心的了。燕后走了，您不是不想念她。可是祭祀时为她祝福，说：'千万别让她回来。'您这样做难道不是为她考虑长远利益，希望她有子孙能相继为燕王吗？"这里的燕后是赵太后的女儿，她嫁到燕国做了皇后。古代诸侯之女出嫁他国，只有被废或亡国时才会返回父母之国。这里赵太后常常为燕后祈祷，祝愿女儿"必勿使反"，希望她永远不会因遭到不幸而返回父母之国。

太后答道："是这样。"

左师公曰："今三世以前，至于赵之为赵，赵主之子孙侯者，其继有在者乎？"曰："无有。"曰："微独赵，诸侯有在者乎？"曰："老妇不闻也。""此其近者祸及身，远者及其子孙。岂人主之子孙则必不善哉？位尊而无功，奉厚而无劳，而挟重器多也。今媪尊长安君之位，而封之以膏腴之地，多予之重器，而不及今令有功于国，一旦山陵崩，长安君何以自托于赵？龙臣以媪为长安君计短也，故以为其爱不若燕后。"太后曰："诺，恣君之所使之。"

于是为长安君约车百乘，质于齐，齐兵乃出。

左师触龙又说："从现在的赵王上推三代，直到赵氏从大夫封为国君为止，历代赵国国君的子孙受封为侯的人，他们的后嗣继承其封爵的，还有存在的吗？""赵之为赵"说的是三家分晋这件事。赵氏本是晋国大夫赵衰的后代，公元前403年，韩、赵、魏三家分晋，周天子正式封他们为诸侯。赵国第一个国君是赵烈侯。"赵之为赵"指的就是赵氏家族成立了赵国这件事。

太后答道："没有。"

触龙又问："不只是赵国，诸侯各国有这种情况吗？"

太后道："我还没听说过。"

触龙说："他们之中祸患来得早的就会落到自己身上；祸患来得晚的就会累及子孙。难道是这些人君之子一定都不好吗？不是的，是因为他们地位尊贵，却无功于国；俸禄优厚，却毫无劳绩，而他们又持有许多珍宝异物，这样就难免危险了。"这里是讲地位尊贵而无功于国的道理。接下来触龙就用这个道理来劝太后送儿子作人质了。

"现在您把长安君的地位提得很高，把肥沃的土地封给他，赐给他很多宝物，可是不乘现在使他有功于国，有朝一日您不在了，长安君凭借什么在赵国立身呢？我觉得您为长安君考虑得太短浅了，所以认为您对他的爱不及对燕后啊！"这里的"山陵崩"是太后去世的委婉说法。

经过触龙的一番劝说，太后终于想通了，就说："好了，任凭您把他派到哪儿去。"

于是为长安君准备了上百辆车子，到齐国作人质。齐国也因此派兵救赵国。

> 子义闻之，曰："人主之子也，骨肉之亲也，犹不能恃无功之尊，无劳之奉，而守金玉之重也，况人臣乎！"

这里的"子义"是一位赵国贤士，他听说了这件事情之后，发表了一段评论。文章就用他的话做了结尾。子义听到了这件事之后，说："国君的儿子，国君的亲骨肉，尚且不能依赖没有功勋的高位，没有劳绩的俸禄，守住金玉之类的重器，何况做臣子的呢！"

太后也得送儿子去做人质

解析

　　触龙说服赵太后的核心理念，就是教育人（尤其是权贵）不要宠爱孩子。中国人常说"爱子如杀子"，又说"名曰爱之，实则害之"，说的都是宠爱孩子就等于害孩子的道理。就理论层面而言，很多人都会认可这种道理，关键的问题在于，许多人克服不了自己对子女的宠爱之情，经常在实践中败下阵来。普通人家的父母，虽也宠爱子女，但限于条件，往往还不算过分，可权贵之家就不同了，他们有权有势，宠起孩子来往往会一掷千金，如此宠法当然更容易害了孩子。

　　赵太后最初不愿意让长安君到齐国去作人质，主要就是过不了感情这一关。触龙的劝谏本领十分高超，他先避其锋芒，不谈长安君做人质的事，上来先跟赵太后聊身体健康状况，这样就先缓和了谈话的氛围，然后他求赵太后给自己的小儿子安排工作。待赵太后问："丈夫亦爱怜其少子乎?"话题看似还在聊孩子，唠家常，可这已然进入了触龙预设的"埋伏"之中。他跟赵太后说，我看您爱燕后胜过爱长安君。待赵太后反驳之时，触龙亮出了自己的核心观点："父母之爱子，则为之计深远。"经过层层铺垫的说服，赵太后终于醒悟过来，不让长安君在危急时刻为国家立功，这不是真的爱他；如果真的爱长安君，现在就让他去齐国当人质，这样才有利于他日后的发展。

知识拓展

　　开口说话，看似简单，实则不容易，会说不会说大不一样。古人云："一言可以兴邦，一言可以误国!"触龙循循善诱救赵国于水火，言语得失，小则牵系做人难易，大则连及国家兴亡，非常重要。

　　建议：查阅相关书籍，了解一下赵威后的身世及相关故事。

乐毅的委屈

乐毅原本是赵国人，做过赵国的小官吏。后来他又到魏国谋求发展，也只是做小官吏，没有更大的平台让他充分施展才华。

乐毅听闻燕昭王礼贤下士，就借着出使燕国的机会见到了燕昭王。燕昭王素闻乐毅有军事才能，特意隆重地款待他，并恳请他留在燕国。见燕昭王态度真诚，乐毅就表示愿意做燕昭王的臣子，接受了燕昭王授予的亚卿之职。

燕国与齐国有世仇。齐宣王当政之时，曾趁燕国内乱之际发兵攻陷了燕国。燕昭王即位之后，立志雪耻，广纳贤士。乐毅归燕伊始，燕昭王就询问他伐齐之事，乐毅回答，齐国是大国，燕国是小国，凭燕国一国之力，难以取胜。要想伐齐，就要联合赵、楚、魏等国，联合攻齐。

燕昭王觉得乐毅说得有理，就派其出使赵国，约赵惠文王联合攻齐，后又通过赵国说服秦国参加了反齐联盟。接着，燕国派遣使者联络楚、魏

乐毅的委屈

两国，最终形成了燕、赵、秦、楚、魏五国联合伐齐的局面。于是，乐毅于公元前284年率五国联军进攻齐国，在济西大败齐军主力。燕昭王亲自赶到前线犒赏将士，封乐毅为昌国君。

乐毅遣还秦、赵、楚、魏四国之兵，独率燕军继续进攻齐国。攻下齐都临淄后，乐毅把齐国的宝贝全部运回燕国，捣毁了齐国的宗庙，意在一举灭掉齐国。随后，乐毅指挥燕军，攻陷了齐国七十余城，整个齐国只有莒（今天山东莒县）和即墨（今山东平度）还没攻下。若不出意外，乐毅灭掉齐国似乎只是时间问题了。

可是，偏偏此时出了意外。燕昭王去世了，继位的燕惠王在做太子时就与乐毅心存芥蒂。齐国将领田单得知这个情况后，赶紧派遣间谍到燕国去散布谣言，说乐毅之所以攻打不下仅剩的两座城池，是因为他想在齐国自立为王。听信谣言之后，燕惠王下令解除了乐毅的军权，改换骑劫去前线指挥。

乐毅被解除军权后，担心回燕国后被杀，就直接逃回了赵国。

乐毅走后，燕齐战场上演了胜负大逆转。骑劫率军攻打即墨，久攻不下。齐国一方，田单则以火牛阵奇袭燕军大营，一举击败了燕军，田单乘胜追击，收复了齐国所有的失地，成功复国。

燕军失败后，燕惠王一方面受到国人的埋怨；另一方面自己也心生懊悔。更重要的是，他担心乐毅衔恨而去，会趁燕国兵败之际趁火打劫，率领赵国军队攻打燕国。如果真是那样的话，燕惠王可就得"吃不了兜着走了"。燕惠王越想越后怕，越想越懊恼，想来想去，想出了一个推卸责任的办法：都怪你乐毅不够意思，不辞而别！

于是，燕惠王给乐毅写了一封信，信的大意是：老乐同志，我刚继位没多久，政治经验不足，听信了周围人的坏话，在治国上犯了不小的错误。但是，我可以拍着胸脯说，我对您可是一点恶意都没有的。我之所以解除您的兵权，让骑劫代替您，是考虑到您长年在外指挥作战，风餐露宿，异常辛苦，想召您回来休个假，顺便跟您商量一下治国之事。结果，您却误会了，竟然不辞而别，跑到赵国去了。您这么做，是不是有点不厚道呀？您对得起我那死去的老爹吗？他可是对您有知遇之恩的呀。

面对燕惠王的指责，乐毅回了一封信。信中，乐毅先是详细讲述了自己当初如何被燕昭王重用，如何为燕国立下汗马功劳。然后说："我听说贤明的君主成就功业之后就不会被历史遗忘，有远见的士人确立自己的名声之后就能得到后世的称赞。先王（燕昭王）的功业已经足够辉煌的了。他去世之后，他的既定方针延续下来，他就足可以成为万世楷模了。"

这段话表面上看是在安慰，可实际上暗含讥讽；明里是在表扬燕昭王，暗里却是在讽刺燕惠王不肖，刚继位就把老爸辛辛苦苦建立的功业给毁掉了。

接下来的一段话更为经典："我听说'善于开创事业的人不一定善于守成，能把头开好的人不一定也能把尾收好'，过去伍子胥被吴王阖闾聘为高参，吴国疆土拓展到郢地（原属于楚）。可等阖闾死了，阖闾的儿子夫差继位，夫差看不上伍子胥，不懂得伍子胥的真正价值，逼伍子胥自杀也不后悔。"

话说到这份儿上，乐毅的心思也就再清楚不过了，即：我老乐现在就处在伍子胥的位置上，你爸爸燕昭王就是阖闾，你就是夫差。我在你老爸手下就可建功立业，为燕国打下一片大大的疆土，可落到你手里就很可能小命不保。所以，我才赶紧逃到赵国。

乐毅接着说："对我老乐而言，避免像伍子胥一样被杀掉，保全过去的功劳，以显示先王的业绩，这是上策；自己遭受了诽谤责难，同时败坏

乐毅的委屈

了先王知人善任的美名，这是我最大的恐慌。面临着大罪却想着侥幸之事，帮助赵国讨伐燕国以谋取私利，在道义上我也不敢这样去做。"这段话算是剖白心迹，我的人生观很简单：我很愿意为君王效力，但前提是要双赢——君王得到好处，我也有好处。至少也得是君王得好处，我也没坏处。若你"既要马儿跑，又不给马儿吃草"，甚至还要玩卸磨杀驴的游戏，那对不起，我不玩。遇到这种让"英雄流血又流泪"的游戏，我宁肯不当英雄。但也请您放心，我跑到赵国，只是想避免重蹈伍子胥的覆辙，绝不会统领赵国军队去攻打燕国。

信的最后，乐毅说："我听说古代的君子，绝交的时候也不说伤人的恶语，忠臣受冤屈离开本国也不用毁谤国君来维护自己的好名声。我乐毅虽然不才，但也多次从正人君子那里得到过教诲，明白这个道理。那么，我之所以还要给您写这封信，是怕您听信了左右的谗言，继续对我误会下去。"

　　乐毅的这封信被收到有"历代散文名篇集萃"之称的《古文观止》中，可见后人对其文学才华的认可。除文学成就之外，乐毅的这封"有理有力有节"的千古名信也起到了相当的现实功效：乐毅和燕惠王虽然"绝交"了，但两人并没有撕破脸皮。乐毅继续留在了赵国，而燕惠王依然封乐毅的儿子乐间为昌国君，善待乐毅的家人。这也许算是对乐毅承诺不率领赵国军队攻打燕国的一种报答。

附：乐毅报燕王书

——《战国策·燕策》

臣不佞①，不能奉承先王之教，以顺左右之心，恐抵斧质之罪，以伤先王之明，而又害于足下之义，故遁逃奔赵。自负以不肖之罪，故不敢为辞说。今王使使者数之罪，臣恐侍御者之不察先王之所以畜幸臣之理，而又不白于臣之所以事先王之心，故敢以书对。

注释

①不佞（nìng）：不才，自谦之辞。

　　这篇文章名为《乐毅报燕王书》，是战国时期的名将乐毅写给燕惠王的一封书信。文章开头便说：臣乐毅不才，没能很好地奉行先王的教诲，来顺乎您左右人的心意，我怕回到燕国会蒙受杀身之罪，以致伤害了先王的英明，又损害了您的仁义，所以才逃到了赵国。这里的"先王"指的是燕昭王。"斧质之罪"指的是死罪，古代腰斩时用斧子和垫板，质，指的就是垫板。我背着不肖的罪名，所以不敢为自己辩解。现在大王派人来数落我的罪过，我担心您手下的人不了解先王留用我、信任我的缘由，又不明白我侍奉先王的忠心，所以才敢写信回答您。

臣闻贤圣之君，不以禄私其亲，功多者授之；不以官随其爱，能当者处之。故察能而授官者，成功之君也；论行而结交者，立名之士也。臣以所学者观之，先王之举措，有高世之心，故假节于魏王，而以身得察于燕。先王过举，擢①之乎宾客之中，而立之乎群臣之上，不谋于父兄，而使臣为亚卿。臣自以为奉令承教，可以幸无罪矣，故受命而不辞。

注释

①擢（zhuó）：提拔。

我听说，贤明的国君不随意把爵禄赐给自己亲近的人，而是授给功劳多的人；不把官职随意赠给他所喜欢的人，而是让给称职的人去做。所以，先考察人的能力然后再授给他官职的国君，是能够成就功业的国君；根据人的品行来结交朋友的人，是能够显身扬名的贤士。我根据所学的道理来观察，先王的举措高出于一般人，因此我才向魏王借用出使的符节，得以到燕国来。承蒙先王破格举用，把我从一般宾客中提拔上来，而且高居于群臣之上，不与宗族贵戚商计，就任命我为亚卿。我认为遵奉先王的命令，听从教诲就可以幸免获罪了，因此接受了任命而没有推辞。

先王命之曰："我有积怨深怒于齐，不量轻弱，而欲以齐为事。"臣对曰："夫齐，霸国之余教也，而骤胜之遗事也。闲①于兵甲，习于战攻。王若欲攻之，则必举天下而图之。举天下而图之，莫径于结赵矣。且又淮北、宋地，楚、魏之所同愿也。赵若许约，楚、魏、宋尽力，四国攻之，齐可大破也。"先王曰："善。"臣乃口受令，具符节，南使臣于赵。顾反命，起兵随而攻齐。以天之道，先王之灵，河北之地，随先王举而有之于济上。济上之军奉令击齐，大胜之。轻卒锐兵，长驱至国。齐王逃遁走莒，仅以身免。珠玉财宝，车甲珍器，尽收入燕。大吕陈于元英，故鼎反乎历室，齐器设于宁台。蓟丘②之植，植于汶篁。自五伯以来，功未有及先王者也。

乐毅的委屈

先王以为惬其志，以臣为不顿命，故裂地而封之，使之得比乎小国诸侯。臣不佞，自以为奉令承教，可以幸无罪矣，故受命而弗辞。

注释

①闲：通"娴"，熟习

②蓟（jì）丘：在今河北宛平县。

先王命令我说："我对齐国怀有深仇大恨，没有清楚认识自己力量薄弱，要把攻伐齐国。"我回答说："齐国具有霸国的遗业和屡胜他国的余威，武备熟练、惯于作战。大王如果一定要想进攻它，就要联合众多的国家共同对付它。要想联合各国，最好是先同赵周结盟。再说，齐国的淮北地区及宋国旧地，是楚国和魏国都想占领的地方。如果赵国同意与我国结盟，楚、魏一起尽力，四国共同攻打齐国，齐国就会大败了。"

先王说："太好了。"

臣便接受先王的命令，准备好符节，出使到了南面的赵国。待我完成使命归来时，就起兵攻打齐国了。

顺应天道，倚仗先王的威望，齐国黄河以北的地区，随着先王的兴师伐齐全部归燕国所有了。我们驻扎在济水边的部队，奉先王命令追击齐军，也大获全胜。

轻装的精锐部队，使用锐利的武器，直捣齐国国都，齐潜王逃亡到莒地，仅仅身免于死。齐国的珠玉、财宝、战车、铠甲及珍贵器物全部收入燕国；大吕钟陈列在元英殿里，燕国原有的被齐国夺去的大鼎又返回历室殿中，齐国的宝器陈列在宁台之上，蓟丘的植物也种到了齐国汶水旁的城下池边去了。这是回顾燕国伐齐的经过。这里的"大吕"是齐国大钟的名称。元英、历室，都是皆燕国宫殿的名字，在宁台下。宁台在今河北宛平县。"故鼎"，指当年齐国从燕国夺走的燕鼎。汶皇（篁），指齐国汶水上的竹田。

自从春秋五霸以来，功绩没有赶得上先王的。这里的"五伯"指的是春秋五霸，即齐桓公、晋文公、宋襄公、秦穆公、楚庄王五个人。意思是说，燕昭王的功勋可以跟春秋五霸相比了。

先王觉得他的志愿得到了满足，认为我没有辜负他的使命，所以分出一块土地赏赐给了我，使我能和一个小国诸侯的地位相比了。我没有才能，自认为能遵守命令，听从教诲，可以幸免获罪，所以接受了封赏而没有推辞。

臣闻贤明之君，功立而不废，故著于春秋；蚤知之士，名成而不毁，故称于后世。若先王之报怨雪耻，夷万乘之强国，收八百岁之蓄积，及至弃群臣之日，余令诏后嗣之遗义，执政任事之臣，所以能循法令、顺庶孽①者，施及萌隶②，皆可以教于后世。

注释

①庶孽（niè）：非嫡妻所生之子。

②施及萌隶：教令推行到百姓和徒隶。萌通"氓"，百姓。

我听说贤明的国君建立功业，不会半途而废，所以能够名垂青史；有预见能力的贤士，在得到名誉之后，不使它遭到败坏，因而能够流芳百世。这里的"春秋"，代指史册。春秋时代鲁国历史的编年体著作名为《春秋》，后以"春秋"代史册。

乐毅的委屈

　　像先王这样完成了报仇雪耻的大业，战胜了拥有万辆战车的强国，缴获了齐国八百年来所积累的财宝，直到他将离开我们的时候，还最后发布诏令"——"告诫后代继承者的遗嘱。那些执政管事的大臣，按照先王的旨意，安排好了先王的庶出子孙，恩德施于百姓，这些都是可以教育后代的呀！"夷万乘之强国，收八百岁之蓄积"，"夷"，平定。"八百岁"，指从姜尚开始建立齐国，到齐潜王，约历时八百年。

　　臣闻善作者不必善成，善始者不必善终。昔者伍子胥说听乎阖闾，故吴王远迹至于郢；夫差弗是也，赐之鸱夷①而浮之江。故吴王夫差不悟先论之可以立功，故沉子胥而不悔。子胥不蚤见主之不同量，故入江而不改。夫免身全功，以明先王之迹者，臣之上计也。离毁辱之非，堕先王之名者，臣之所大恐也。临不测之罪，以幸为利者，义之所不敢出也。

注释

　　①鸱（chī）夷，革囊，皮制的口袋。

　　我听说善于开创事业的人，未必善于最后完成；善始的人未必善终。从前，伍子胥的计谋被吴王阖闾采用，所以吴王能够远征到楚国的郢都。而吴王阖闾的儿子夫差不采纳伍子胥的正确建议，赐死伍子胥，并将伍子胥装在皮囊中投入江中。由于吴王夫差不明白伍子胥生前的意见能够帮助自己建功立业，所以把伍子胥投入江中之后也不悔悟；伍子胥不能及早地看到两代国君胸怀、器量的不同，所以直至要沉入江中时，也不改变自己的观点。这里，乐毅讲了伍子胥的故事来表明心迹。伍子胥是春秋时期的楚国人。他的父亲伍奢和兄长伍尚，都被楚平王所杀。伍子胥逃亡到吴国，辅佐吴王阖闾攻入楚郢都（在今湖北江陵县）。后来，阖闾的儿子吴王夫差继位，打败了越国。夫差打算接受越国的谋和请求，子胥劝谏，夫差非但不听，反而迫令子胥自杀，之后把伍子胥的尸体盛在皮口袋里，投入江中。

所以，脱身免祸，保伐齐的大功，用来彰显先王的业绩，这是我所选择的上策。遭受诋毁责难，败坏先王知人善任的好名声，这是我最大的恐惧；面临着大罪却想侥幸助赵伐燕来谋取私利，这种不合道义的事我是不敢做出来的。这是在告诉燕惠王，我既不会回燕国，遭受陷害，也不会帮助赵国讨伐燕国。

> 臣闻古之君子，交绝不出恶声；忠臣之去也，不洁其名。臣虽不佞，数奉教于君子矣。恐侍御者之亲左右之说，而不察疏远之行也，故敢以书报。唯君之留意焉。

我听说古代的君子即使友情断绝了也不会说对方的坏话；忠臣因受冤屈而离开了本国，也不会用毁谤国君的办法为自己洗清名誉。我虽不才，却多次受到有德之人的教诲。我担心您只听信身边人的话，而不了解我这疏远者的所作所为，所以大胆写了这封信回答，希望您多加考虑。

解析

此文是乐毅给燕惠王的一封回信，针对燕惠王对他的责怪进行辩解，剖白心迹。全文有以下几层意思：首先，表明自己奔赵的目的，"恐抵斧质之罪，以伤先王之明，而又害于足下之义"，害怕自己被陷害，是为了避祸；其次，回忆了自己受先王（燕昭王）的知遇之恩及随后率兵伐齐建立的功业。表明自己这样做也只是"奉令承教",是接受燕昭王领导的;再次,以"贤明之君"、"蚤知之士"作比,颂扬先王的英明。他不仅成就大业,还能在遗训中教导后人,安排大臣,遵法循令,施惠于百姓;同时以伍子胥的悲剧为例,暗喻自己若同伍子胥一样不明白两位君主度量之不同,也有可能结局悲惨;最后,再次袒露心迹:"免身全功,以明先王之迹。"并表示,自己虽然离开了燕国,但决不会做出有损燕国之事。

知识拓展

全文委婉曲致,动人心扉,表现了乐毅对燕昭王的一片赤忱之心以及对燕惠王误信谗言的遗憾。全文无正面批驳,从表明自己心迹入手,心平气和,情辞恳切。

建议:查阅相关资料,了解田单用火牛阵大破燕军的故事。

乐毅:魏国名将乐羊之后,战国后期杰出的军事家。

燕昭王:战国时燕国第39任君主,燕王哙之子。

燕惠王:燕昭王之子。

诸葛亮为何要 "六出祁山"？

在中国，诸葛亮是个无人不知的人物。他既是贤相的典范，又是聪明、智慧的代言人。他的故事经过长时间的传颂、演义，有的是真的，也有的是人们虚构的。虚构的暂且放下，我们先说一说历史中真实的诸葛亮以及他 "六出祁山" 的故事。

诸葛亮早年避乱于荆州，隐居在南阳。公元 207 年，刘备三顾茅庐。诸葛亮被刘备的诚意所感动，遂与刘备纵谈天下大势，建议他联合东吴，共同抗击曹操。这便是有名的 "隆中对"。此后，刘备和孙权两个政治军事集团结成战略同盟，在赤壁打败曹操的进攻，刘备集团取得了荆州，后又西取益州，建立了蜀汉政权。

公元 221 年，刘备称帝，诸葛亮做了丞相。公元 223 年，刘备伐吴失败，"于永安病笃"，永安就是白帝城。刘备在这里向诸葛亮托孤，"属以后事"。他跟诸葛亮说："君才十倍于曹丕，必能安国，终定大事。若嗣子

诸葛亮为何要"六出祁山"？

可辅，辅之；如其不才，君可自取。"

受刘备如此器重，诸葛亮又是伤心又是感动，赶紧表态："请主公放心，我一定尽全力辅佐您的儿子，鞠躬尽瘁，死而后已。"给诸葛亮"托孤"之后，刘备嘱咐自己的儿子说："你对待丞相要像对待父亲一样。"

刘禅继位后，诸葛亮忠心耿耿地辅佐后主刘禅。在平息南方叛乱之后，诸葛亮于公元227年出师伐魏，临行之前上书后主刘禅，这篇上书就是著名的《出师表》。这篇《出师表》写完之后，诸葛亮率军北伐，拉开了诸葛亮"六出祁山"的大幕。

祁山，在今天甘肃东南部，东起盐官，西至大堡子山，横卧在汉水的北侧，绵延25公里，扼陇蜀咽喉，控南北要冲。三国时，魏、蜀两国为争夺陇南，多次在这一带发动战争。其中诸葛亮"六出祁山"最为有名。

"六出祁山"的大致经过是这样的：公元227年春，诸葛亮统军10万，进驻汉中，图谋攻魏。次年春，诸葛亮率军出祁山。天水、南安、安定等三郡皆背魏归属蜀。魏国震恐，魏明帝亲赴长安（今西安）督战。当蜀军在街亭与魏军交战时，前锋马谡因多种原因被张郃击败，蜀汉大军失去了战略要地，不得不退兵汉中。这是第一次出祁山。

同年十二月，诸葛亮统军再度攻魏，出散关围陈仓（今陕西宝鸡境），攻城二十余日不下，粮尽还师。这是第二次出祁山。

诸葛亮为孤立祁山魏军，并开辟军资来源，于公元229年春，三出祁山，夺回武都、阴平二郡。

公元231年春，诸葛亮率军四出祁山。魏大将军司马懿率军迎击。诸葛亮于上邽（今甘肃天水）击败魏军，抢收小麦，充实军粮后撤回祁山。魏将急躁，率军尾随追击。待魏军逼近时，诸葛亮五出祁山，歼敌3000

人，司马懿只得收兵退回上邽。正当诸葛亮率部乘胜追击魏军时，都护李严谎报军情，使刘禅下旨撤军。诸葛亮只得退军，其间于木门（今甘肃天水南）设伏张郃后，还师汉中。

经过三年休养生息，诸葛亮于公元 234 年春六出祁山，率军 10 万，与魏军 20 万对峙于渭水南。诸葛亮数次挑战，但司马懿却率部渡过渭水，背水筑垒拒守。诸葛亮识破司马懿以逸待劳的阴谋，进驻五丈原。这样，魏、蜀两军相持 4 个多月。8 月，诸葛亮病故在军中，蜀军还师汉中。

诸葛亮六出祁山，长达七年之久，虽苦心筹谋，但最终还是"出师未捷身先死"，没能完成"兴复汉室"的目的。诸葛亮"六出祁山"的军事行动虽然没有达成预定目标，但他对蜀汉政权的一片赤诚之心以及鞠躬尽瘁、死而后已的贤相风范，一直受到后人的怀念和赞许。

诸葛亮为何要"六出祁山"？

唐代诗人杜甫就写过两首非常著名的诗赞美诸葛亮，一首是《咏怀古迹》——

诸葛大名垂宇宙，宗臣遗像肃清高。

三分割据纤筹策，万古云霄一羽毛。

伯仲之间见伊吕，指挥若定失萧曹。

运移汉祚终难复，志决身歼军务劳。

另一首是《蜀相》——

丞相祠堂何处寻，锦官城外柏森森。

映阶碧草自春色，隔叶黄鹂空好音。

三顾频烦天下计，两朝开济老臣心。

出师未捷身先死，长使英雄泪满襟。

附：《出师表》

诸葛亮

先帝创业未半而中道崩殂，今天下三分，益州疲弊，此诚危急存亡之秋也。然侍卫之臣不懈于内，忠志之士忘身于外者，盖追先帝之殊遇，欲报之于陛下也。诚宜开张圣听，以光先帝遗德，恢弘志士之气；不宜妄自菲薄，引喻失义，以塞忠谏之路也。

这句话中的"先帝"指的是刘备，"益州"指的是蜀汉政权所在地，大致相当于现在四川、贵州及云南的一部分地区。这段的意思是，先帝开创统一天下的大业，没有完成一半，就不幸中途去世了。如今天下一分为三，蜀汉处境艰难，这实在是形势危急、存亡难料的关键时期啊。然而侍奉保卫的官员在皇宫内毫不懈怠，忠诚有志的将士在战场上舍生忘死，这都是追念先帝对他们的知遇之恩，想要报答陛下。陛下应该广泛听取别人的意见，来发扬光大先帝的美德，振奋有运大志向的人的志气，不应随便看轻自己，说不恰当的话，以致堵塞臣子忠言劝谏的道路。"开张圣听"意思是，要后主广泛地听取别人的意见。开张，扩大。"以光先帝遗德"中的"光"是发扬光大的意思，遗德，遗留下来的美德。"恢弘志士之气"中的"恢弘"，鼓舞、扩大的意思。"不宜妄自菲薄"，妄自菲薄指随便看轻自己。"引喻失义"指讲话不恰当。

诸葛亮为何要"六出祁山"？

宫中府中，俱为一体，陟①罚臧否②，不宜异同。若有作奸犯科及为忠善者，宜付有司论其刑赏，以昭陛下平明之理；不宜偏私，使内外异法也。

侍中、侍郎郭攸之、费祎、董允等，此皆良实，志虑忠纯，是以先帝简③拔以遗④陛下。愚以为宫中之事，事无大小，悉以咨之，然后施行，必能裨补阙漏⑤，有所广益。

将军向宠，性行⑥淑均，晓畅军事，试用于昔日，先帝称之曰能，是以众议举宠为督。愚以为营中之事，悉以咨之，必能使行阵⑦和睦，优劣得所。

注释

①陟（zhì）：提升，奖励；罚：惩罚。

②臧否（pǐ）：善恶，这里用作动词，指评论人物好坏。

③简：选择；一说通"拣"，挑选；拔：选拔。

④遗（wèi）：遗赠、给予。

⑤必能裨补阙漏：一定能够弥补缺点和疏漏之处；裨（bì）：补。阙，通"缺"，缺点，疏漏。

⑥性行（xíng）淑均：性情善良品德端正；淑，善；均，平。

⑦行（háng）阵：指部队。

皇宫中和朝廷中的人，都是国家的官员；奖惩他们的功过好坏，不应该因在宫中或在府中而不同。这里的"宫"指皇宫，"府"指朝廷；如果有作恶违法的人或行为忠善的人，都应该交给主管的官员评定他们的奖惩，来显示陛下公正严明的治理，而不应当偏袒、有私心，使朝廷内外刑赏的法令不同。"作奸犯科"指做作恶违法的人。作奸，指做了奸邪的事情；"犯科"，指触犯法令。侍中郭攸之、费祎、侍郎董允等人，都是善良诚实的大臣，他们的志向和心思都忠诚无二，所以先帝把他们选拔出来给予陛下。郭攸之、费祎、董允，都是诸葛亮赏识的人，当时，郭攸之、董祎任侍中，董允任黄门侍郎。我认为宫廷中的事情，无论大小，都拿来跟他们商量，然后再实行，就一定能够弥补缺点和疏漏之处，得到很好的成效。"悉以咨之"，意思是都拿来跟他们商量。将军向宠，性格品行善良端正，通晓军事，在从前试用的时候，先帝称赞他有才能，所以大家商量推举他做中部督。向宠，襄阳人，后主刘禅时封都亭侯。我认为军营中的事情，都拿来和他商量，就一定能够使军中团结和睦，好的差的各得其所。

亲贤臣，远小人，此先汉所以兴隆也；亲小人，远贤臣，此后汉所以倾颓也。先帝在时，每与臣论此事，未尝不叹息痛恨于桓、灵也。侍中、尚书、长史、参军，此悉贞良死节之臣也，愿陛下亲之信之，则汉室之隆，可计日而待也。

亲近贤臣，疏远小人，这是汉朝前期之所以能够兴隆昌盛的原因；亲近小人，疏远贤臣，这是汉朝后期衰败的原因。这里所说的"先汉"指西汉，"后汉"指东汉。"倾颓"，指倾覆衰败。先帝在世时，每次和我谈论这些事情，没有一次不对桓、灵二帝的昏庸感到痛心遗憾的。这里所说的"桓、灵"，指东汉时的汉桓帝和汉灵帝，两个人都昏庸无能，宠信宦官，统治期间政治腐败。侍中、尚书、长史、参军，这些人都是忠贞优秀、以死报国的大臣，希望陛下可以亲近他们、信任他们，这样汉室的兴隆就指日可待了。"死节"，指有以死报国的气节。

臣本布衣，躬耕于南阳，苟全性命于乱世，不求闻达于诸侯。先帝不以臣卑鄙，猥自枉屈，三顾臣于草庐之中，咨臣以当世之事。由是感激，遂许先帝以驱驰。后值倾覆，受任于败军之际，奉命于危难之间，尔来二十有一年矣！

诸葛亮为何要"六出祁山"?

先帝知臣谨慎，故临崩寄臣以大事也。受命以来，夙夜忧叹①，恐托付不效，以伤先帝之明。故五月渡泸，深入不毛。今南方已定，兵甲已足，当奖率三军，北定中原；庶竭驽钝②，攘除③奸凶，兴复汉室，还于旧都。此臣所以报先帝而忠陛下之职分也。至于斟酌损益，进尽忠言，则攸之、祎、允之任也。

愿陛下托臣以讨贼兴复之效，不效，则治臣之罪，以告先帝之灵。若无兴德之言，则责攸之、祎、允等之慢，以彰其咎。陛下亦宜自谋，以咨诹善道④，察纳雅言，深追先帝遗诏，臣不胜受恩感激。

今当远离，临表涕零，不知所言。

注释

①夙（sù）夜忧叹：早晚忧虑叹息。

②庶：希望；竭：竭尽；驽（nú）钝：比喻才能平庸，这是诸葛亮自谦的话；驽：劣马，走不快的马，指才能低劣。钝：刀刃不锋利。

③攘（rǎng）除：排除，铲除；奸凶：奸邪凶恶之人，此指曹魏政权。

④咨诹（zōu）善道：询问（治国的）良策。诹（zōu），询问，咨询。

我本来是个平民，亲自在南阳种地，只希望在乱世里保全性命，不奢望在诸侯中扬名显达。"布衣"指平民百姓。"躬耕"，躬是"亲自"的意思，躬耕就是亲自耕种。"南阳"，指当时的南阳郡，在今天河南南阳和湖北襄阳城西一带。"闻达"指扬名显达。先帝不认为我身份低微，见识浅陋，降低身份，委屈自己，三次到草庐来拜访我，向我询问当时的时局大事。"猥自枉屈"，意思是枉驾屈就，降低身份。我深为感动，就答应为先帝奔走效劳。后来又遇上挫折，在军事上失败的时候我接受了重任，在危难紧迫的关头奉命出使，至今已有二十一年了。这里的"后值倾覆"，指的是汉献帝建安十三年（公元208年），刘备在当阳坡被曹操击败之事。

"受任于败军之际"指的是刘备被曹操击败后，诸葛亮奉命出使东吴，通过外交努力，结成了孙刘联盟，共同抵御曹操。

先帝知道我办事谨慎，所以临终的时候，把国家大事托付给我。"临崩寄臣以大事"指刘备临死的时候，向诸葛亮托孤。我接受遗命以来，早晚忧虑叹息，担心托付给我的大事不能实现，而有损于先帝的英明。所以我五月渡过泸水，深入到不长庄稼的荒凉地方，现在南方的叛乱已经平定，武器装备已经充足，应该勉励并率领三军北上平定中原。这里的"泸"指的是泸水，也就是今天的金沙江。我希望竭尽我有限的才能，去铲除那些奸邪凶恶的敌人，复兴汉室，迁回旧都洛阳。这里的"旧都"，指东汉都城洛阳。这是我报答先帝、忠于陛下的职责。至于处理事务斟情酌理，有所兴革，进尽忠言，那是郭攸之、费祎、董允等人的责任了。"斟酌损益"指做事斟酌情理，有所增有所减。损，除去；益，增加。

希望陛下把讨伐曹魏兴复汉室的任务交付给我，如果不能实现，就请治我的罪，来告慰先帝的在天之灵。"如果没有发扬圣德的忠言，就应当责罚郭攸之、费祎、董允等人的怠慢失职，揭示他们的过失。"以彰其咎"，以揭示他们的过失。彰，表明。咎，过失。陛下也应该自行谋划，征询治国的良策，识别、采纳正确的言论，深切追念先帝的遗命。如果您能这么做，那我就感恩戴德、感激不尽了。"察纳"，指识别采纳。"雅言"，指正确的言论。

现在我将要远离陛下，对着这份奏表，泪流不止，不知说些什么。

解析

通观全文，《出师表》的内容大概可分三个部分，一部分是勉励后主"开张圣听，以光先帝遗德，恢弘志士之气"；一部分是向后主交代相关事宜，即在我诸葛亮前去北伐的日子里，后主您主持朝政应注意哪些问题；最后一部分则是剖白心迹，感念先主对自己的知遇之恩，同时向后主表达自己北定中原、兴复汉室的决心。此文的语言特点率直质朴，既不借助于华丽的辞藻，又不引用古老的典故，每句话都不失臣子的身份，同时又切合长辈的口吻，充分体现出诸葛亮对蜀汉政权的一片赤胆忠心。

知识拓展

蜀先主庙

[唐] 刘禹锡

天地英雄气，千秋尚凛然。

势分三足鼎，业复五铢钱。

得相能开国，生儿不象贤。

凄凉蜀故妓，来舞魏宫前。

建议：把杜甫写的赞扬诸葛亮的两首诗背诵下来。

永和九年的那场宴会

在中国，如果一个人在某个领域里出类拔萃，成就极为巨大，那他就会被尊为"圣"，比如，杜甫被尊为"诗圣"，画家吴道子被尊为"画圣"，陆羽被尊为"茶圣"。王羲之的书法写得极棒，他被称为"书圣"。

王羲之是东晋时期的人，他出生在一个显赫的贵族之家。东晋王朝建立之初，王导、王敦、王旷等就是最早一批推举司马睿当皇帝的人。东晋王朝建立之后，朝廷最依仗的就是王导、王敦兄弟，王导执政在内，王敦统兵在外，那可真叫权倾朝野。那么，这三个人跟王羲之是什么关系呢？王旷是王羲之的爸爸，王导和王敦都是王羲之的伯父。可以这么说，王羲之的父辈都是东晋王朝的开国元勋。

生在显赫的贵族之家，自己的书法又写得特棒，所以王羲之年纪很轻就名声大噪，其行事作风也非常有范儿。太尉郗鉴，想给自己的女儿郗璇找一位乘龙快婿。本着门当户对的原则，他托人跟王导讲，想把女儿嫁给王家。王导同意了，并让他从子侄辈的青年才俊中随意挑选。太尉是朝廷重臣，王家子弟听说郗太尉要选女婿，大家都很重视，服装穿得整整齐齐，仪态也庄重矜持。郗鉴派去的选婿考察团见多了仪表堂堂的人，却突然在东厢房看到一个"袒腹而食"的年轻人。这人有个性，明知道郗太尉要选女婿，仍我行我素，露着肚子躺在床上，还吃着零食，一点也不把相亲当回事。

　　考察团把在王家看到的情况向郗鉴做了汇报，郗太尉也是一个有性格的人，一听说还有躺在东床上"袒腹而食"的人，马上脱口而出："此人真佳婿也。"嫁女一定要嫁有个性的人，就是他了。这个人就是王羲之，"东床快婿"的典故也由此诞生。

　　当然，王羲之最让人称道的就是他写的《兰亭集序》。此事的起因是这样的：公元 353 年阴历三月初三，大书法家王羲之在浙江绍兴"会稽山阴之兰亭"组织了一场高级聚会，参与者不是高官就是官二代，他们共有 42 人。其中，有 11 人在此次聚会中赋诗两首，有 15 人赋诗一首，还有 16 人在酒会上没有写出诗来，各罚酒三觚。作为此次聚会的召集者，又是当时的名流，王羲之将这次兰亭聚会上所作 37 首诗汇集一处，并借着酒兴写了一篇 324 个字的序言，这就是《兰亭集序》。这篇序是书法史上的第一，被后世誉为"天下第一行书"。

附：《兰亭集序》

王羲之

　　永和九年，岁在癸丑，暮春之初，会于会稽①山阴之兰亭，修禊②事也。群贤毕至，少长咸集。此地有崇山峻岭，茂林修竹，又有清流激湍③，映带左右。引以为流觞曲水④，列坐其次，虽无丝竹管弦之盛，一觞一咏，亦足以畅叙幽情。是日也，天朗气清，惠风和畅。仰观宇宙之大，俯察品类之盛，所以游目骋怀，足以极视听之娱，信可乐也。

注 释

　　①会稽（kuài jī）：郡名，今浙江绍兴。山阴：今绍兴越城区。

　　②修禊（xì）："禊"是一种祭礼古代习俗。修禊是指于阴历三月上旬的巳日（魏以后定为三月三日），人们群聚于水滨嬉戏洗濯，以祓除不祥和求福。

　　③激湍（tuān）：流势很急的水。

　　④流觞（shāng）曲（qū）水：用漆制的酒杯盛酒，放入弯曲的水道中任其漂流，杯停在某人面前，某人就取杯饮酒。觞：酒杯；曲水：弯曲的流水。

　　文章一开头用极简练的语言交代了时间、地点和事件，永和九年，时在癸丑之年，三月上旬，我们在会稽郡山阴城的兰亭聚会，做修禊之事。"永和"是东晋皇帝司马聃（晋穆帝）的年号，从公元345—356年，永和九年指的是公元353年。"岁在癸丑"，说的是，公元353年按干支纪年属于癸丑年。"暮春之初"指阴历三月上旬。

　　接下来讲的是聚会时的情形，众多贤才都汇聚到这里，有年龄大的，也有年龄小的。兰亭这个地方有高峻的山峰，茂盛的树林，高高的竹子，又有清澈湍急的溪流，辉映环绕在亭子的四周。我们引溪水作为流觞的曲水，排列坐在曲水旁边，虽然没有演奏音乐的盛况，但喝点酒，作点诗，也足够来畅快叙述幽深的感情了。"映带左右"，意思是辉映点缀在亭子的周围。"列坐其次"指在曲水边依次而坐。列坐，排列而坐。次，旁边，水边。"一觞一咏"，一边喝着酒一边作着诗。"幽情"，在这里指深情。

这一天，天气晴朗，空气清新，和风温暖。"是日也"，这一天。仰首观览到宇宙的浩大，俯瞰观察大地上万物，用来舒展眼力，开阔胸怀，足够极尽视听的欢娱，实在很快乐。"品类之盛"，指繁多的万物。"游目"，目光由远及近，随意观望。"骋怀"，胸怀开张。"信可乐也"实在是一件高兴的事呀。"信"，实在的意思。

> 夫人之相与，俯仰一世。或取诸怀抱，悟言一室之内；或因寄所托，放浪形骸之外。虽趣舍万殊，静躁不同，当其欣于所遇，暂得于己，快然自足，不知老之将至。及其所之既倦，情随事迁，感慨系之矣。向之所欣，俯仰之间，已为陈迹，犹不能不以之兴怀。况修短随化，终期于尽。古人云："死生亦大矣！"岂不痛哉！

人们聚居于天地之间，相互交往，很快便度过一生。"俯仰"，在这里表示时间的短暂。有的人在室内畅谈自己的胸怀抱负；有的人就着自己所爱好的事物，寄托情怀，放纵无羁地生活。"取诸"，就是"从……中取得"的意思。（两种人）虽然各有各的爱好，安静与躁动各不相同，但当他们对所接触的事物感到高兴时，一时感到自得，感到高兴和满足，竟然不知道衰老将要到来。等到对得到或喜爱的东西已经厌倦，感情随着事物的变化而变化，感慨随之产生。过去感兴趣，转瞬间，已经成为旧迹，尚且不能不因为它引发心中的感触。况且寿命长短，听凭造化，最后归结于消灭。"修短随化"，意思是寿命长短听凭造化。化，自然。古人说："死生毕竟是件大事啊。"怎么能不让人悲痛啊！

> 每览昔人兴感之由，若合一契，未尝不临文嗟悼，不能喻之于怀。固知一死生为虚诞，齐彭殇为妄作。后之视今，亦犹今之视昔，悲夫！故列叙时人，录其所述。虽世殊事异，所以兴怀，其致一也。后之览者，亦将有感于斯文。

　　每当看到前人所发感慨的原因，其缘由像一张符契那样相合，面对古人那些文章，我总是感叹悲伤，心里也不明白是什么原因。这里的"契"指的是符契，古代的一种信物。古人在符契上刻上字，剖而为二，双方各执一半，作为凭证。"临文嗟悼"，指读古人文章时感到哀伤。本来知道把生死等同的说法是不真实的，把长寿和短命等同起来的说法是妄造的。这里的"固"是本来的意思。　"一"，是"把……看作一样"的意思；"齐"，是"把……看作相等"的意思。"殇"，未成年死去的人。后人看待今人，也就像今人看待前人，可悲呀！所以一个一个记下当时与会的人，录下他们所作的诗篇。纵使时代变了，事不同了，但触发人们思想情趣的原因是一样的。"列叙时人"，指一个一个记下当时与会的人。"录其所述"，指记录下他们作的诗。"其致一也"，指人们的思想情趣是一样的。后世的读者，也将对这次集会的诗文有所感慨。

解析

　　读《兰亭集序》这篇文章时，大家最好也找到这个字帖来欣赏一下，这样更能理解作者的思想感情。在这篇序文中，王羲之先写明聚会的时间、地点、缘由，后介绍与会的人数之多，档次之高，正所谓"群贤毕至，少长咸集"。接着，王羲之描写兰亭周围的环境，有"崇山峻岭，茂林修竹"，还有"清流激湍，映带左右"，环境很优美，充满诗情画意。大家聚在一起，边喝酒边作诗，"虽无丝竹管弦之盛，亦足以畅叙幽情"，再加上老天爷也配合，这一天，"天朗气清，惠风和畅"。良辰美景，文人雅集，多么高兴的事呀！

第二段，作者承接上文的"乐"，引发出种种感慨。针对聚会之乐，引出乐而忘悲；针对"欣于其所遇"的乐，引出"情随事迁"的忧。由乐生忧，作者遂发出"修短随化，终期于尽"的慨叹，随后联想到人生苦短，推及"死生"大事。从"乐"过渡至"忧"，再从"忧"引申到生死，层层深入。

最后一段，作者交代作序的缘由，指出每每发现"昔人兴感之由"和自己的兴感完全一样，就"未尝不临文嗟悼"，最后进一步推断："后之视今，亦由今之视昔"。基于这种认识，所以才"列叙时人，录其所述"，即将这次聚会上的诗汇编在一起，留给后人去阅读。

知识拓展

纵然我们无法掌握生命的长度，但是我们可以把握生命的过程与宽度，增加生命的厚度。我们可以活的如秋叶般静美，也可以活得如夏花般绚烂。所以年轻的我们更应该更加珍惜时光，增加生命的厚度。

建议：你参加过印象深刻的聚会吗？试着写一篇讲述这次聚会的短文。

陶渊明的辞职感言

人是有自由意志的。众人都选择的生活方式，你经过自己的独立思考，完全可以不认同，另辟蹊径，过一种自己想要的生活；世人挖空心思追逐的东西，对你来说可能未必适合，这时你可以听从内心的召唤，不随波逐流。比如，世人都去追求升官发财，可有人偏偏辞官做隐士，这种做法也无可厚非，著名诗人陶渊明就是这么做的。

陶渊明的家世曾经很显赫，他的曾祖父陶侃是东晋开国元勋，官至大司马，都督八州军事。可是到了他这一代，家道就没落了，他九岁丧父，与母妹三人在外祖父孟嘉家里生活。孟嘉是当代名士，他做事从不苟且求合有主见，不随便附和别人；言辞之中从不自我吹嘘，骄傲自夸；喜怒不形于色。喜欢酣畅饮酒，即使过量仍言行不乱。至于放纵情怀、得其意趣之时，便心寄世外、恬适安然，旁若无人。陶渊明很得外祖父之遗风。从29岁到42岁之间，他也曾外出做官，以图拯济苍生，"猛志逸四海"，可是，他生不逢时，当时社会动荡、政治黑暗，他仕途不顺，只做过江州祭酒、镇军参军、彭泽县令等小官。他当彭泽县令时，刚到任 81 天就辞职了。当时，浔阳郡督邮前来视察，部下对陶渊明说："当束带迎之。"陶渊明叹道："我岂能为五斗米折腰向乡里小儿。"遂辞职，从此结束了他 13 年的仕宦生活。辞官归隐后，陶渊明精神愉悦，大有挣脱"樊笼"之感，遂赋《归去来兮辞》，以表达自己不与世俗同流合污的心志。

辞官归隐之后，陶渊明过着"躬耕自资"的生活。归田之初，生活尚可。"方宅十余亩，草屋八九间，榆柳荫后檐，桃李罗堂前。"渊明爱菊，宅边遍植菊花。他"采菊东篱下，悠然见南山"，日子过得比较悠闲。后来他的住宅失火，陶渊明的生活从此转入困顿。如逢丰收，还可以"欢会酌春酒，摘我园中蔬"。如遇灾年，则"夏日抱长饥，寒夜列被眠"。尽管如此，他依然坚守田园，不肯出仕。

在归隐 21 年之后，陶渊明于元嘉四年（公元 427 年）去世。去世之前，他自己写了《拟挽歌辞三首》以表达他对生死的达观态度，"亲戚或余悲，他人亦已歌。死去何所道，托体同山阿。"

附：《归去来兮辞》

陶渊明

归去来兮，田园将芜胡不归！既自以心为形役，奚惆怅而独悲？悟已往之不谏，知来者之可追。实迷途其未远，觉今是而昨非。舟遥遥以轻飏①，风飘飘而吹衣。问征夫以前路，恨晨光之熹微②。

注释

①轻飏（yáng）：飏，同"扬"。

②熹（xī）微：天色微明。

文章一开头就写归隐田园时的迫切心情，回去吧！田园都要荒芜了，为什么不回去呢？既然自己的心灵被躯壳所役使，为什么还要失意伤悲？这里的"以心为形役"，是指陶渊明自己曾违背心愿去做官。明白过去的错误已不可挽回，知道将来的事尚可补救。这里的"谏"，意思是经劝告而得到纠正。我确实入了迷途，但不算太远，已觉悟如今的选择是正确的，而曾经的行为（这里指出任）才是迷途。船在水面轻轻地飘荡着前进，轻快前行，风轻飘飞舞，吹起了衣袂翩翩。我向行人询问前面的路，怨恨晨光微弱（耽误行程）。

乃瞻衡宇，载欣载奔。僮仆欢迎，稚子候门。三径就荒，松菊犹存。携幼入室，有酒盈樽。引壶觞以自酌，眄①庭柯②以怡颜。倚南窗以寄傲，审容膝之易安。园日涉以成趣，门虽设而常关。策扶老以流憩③，时矫首而遐观。云无心以出岫④，鸟倦飞而知还。景翳翳⑤以将入，抚孤松而盘桓。

注 释

①眄（miǎn）：斜视。

②柯（读作 kē，一声。）：树枝。

③流憩（qì）：随时随地休息。

④岫（xiù）：山峰。

⑤翳（yì）翳：昏暗的样子。

上一段写的是辞官之后坐船回家，这一段写的是回到家之后的情形。终于看到了自家的房子，心中高兴，赶紧奔跑过去。"衡宇"，指的是用横木当门的简陋房屋。看见我回家，家童欢快地迎接我，孩子们守候在门前。院子里的小路快要荒芜了，松菊还长在那里。我带着孩子们进入屋室，美酒已经斟满酒杯。这里的"三径"指的是庭院中的小路。相传西汉末年，王莽篡夺政权，蒋诩免官回家，他在院子的竹林下开了三条小路，只同几个高雅的人往来。陶渊明在这里借用了这个典故。

我端起酒壶、酒杯自斟自饮，看看院子里的树木，觉得很愉快；倚着南窗寄托傲然自得的心情，深知住在简陋的小屋里反而容易使人安逸。"容膝"，指屋子狭小，仅能容纳家人的膝盖。天天到院子里走走，自成一种乐趣，小园的门经常地关着。拄着拐杖出去走走，随时随地休息，常常抬头遥望远方。云气自然而然地从山里冒出，倦飞的小鸟也知道飞回巢中。阳光黯淡，太阳快落下去了，手抚孤松徘徊。

归去来兮，请息交以绝游。世与我而相违，复驾言兮焉求？悦亲戚之情话，乐琴书以消忧。农人告余以春及，将有事于西畴。或命巾车，或棹①孤舟。既窈窕以寻壑②，亦崎岖而经丘。木欣欣以向荣，泉涓涓而始流。羡万物之得时，感吾生之行休。

注释

①棹（zhào）：船桨。

②壑（hè）：山谷。

回去吧！我要跟世俗之人断绝交游。世事与我所想的相违背，还努力探求什么呢？以亲人间的知心话为愉悦，以弹琴读书为乐来消除忧愁。农夫告诉我春天到了，西边田野里要开始耕种了。有时坐上一辆有布篷的小车，有时划一条小船。有时经过幽深曲折的山谷，有时走过高低不平崎岖的山路。草木生机勃勃，泉水从源头细细地往下流淌。羡慕自然界的万物一到春天便及时生长茂盛，感叹自己的一生将要结束。

已矣乎！寓形宇内复几时！曷不委心任去留？胡为乎遑遑欲何之？富贵非吾愿，帝乡不可期。怀良辰以孤往，或植杖而耘耔。登东皋以舒啸，临清流而赋诗。聊乘化以归尽，乐夫天命复奚疑！

算了吧！活在世上还能有多久，为什么不放下心来任其自然的生死？为什么心神惶惶不安，想要到哪里去？富贵不是我所求，仙境不可期。这里的"帝乡"指玉皇大帝住的地方，即仙境。趁着美好的时光，独自外

陶渊明的辞职感言

出，有时倚着棍杖除草培土。登上向阳的高岗放声呼啸，傍着清清的溪流吟诵诗篇。"皋"，指山岗。姑且顺其自然走完生命的路程，抱定乐安天命的主意，还有什么可犹疑的呢！

解析

陶渊明是山水田园诗的鼻祖，他的诗文对后世影响非常大。唐代著名诗人李白、杜甫、王维、白居易，宋代的诗文大家欧阳修、苏轼、王安石、辛弃疾等都非常推崇陶渊明。除文学造诣之外，陶渊明"不为五斗米折腰"的人格魅力亦为后人所推崇。

在东晋那个政治动乱的年代里，陶渊明选择归隐，固守清贫，寄情山水，这一下子击中了历代文人的"命门"。现实黑暗与品格高洁之间如何取舍？物质贫乏与精神丰盈之间如何平衡？在自然与官场之间如何切换？如何处理"出世"与"入世"之间的矛盾？尽管真正像陶渊明学习的人在历朝历代都是绝对的少数，但是，陶渊明在精神的坐标上又总是让人们仰望，使之遐想，使之反思。

对于陶渊明的现代意义，原苏州大学鲁枢元教授有一段形象的说法。他说："秦始皇历来被史书称为'千古一帝'，而陶渊明则被誉为诗苑的'千古一人'。听说过秦始皇的人，大约就听说过陶渊明；凡是知道'焚书坑儒'典故的人，也不会不知道'桃花源'的故事。如果核算一下他们自己和社会为此支出的'成本'，却又更加悬殊：秦始皇'奋六世余烈'，攻城略地，斩首百万，血流漂杵，方才当上千古一帝。秦始皇劳力又劳心，49岁便命丧黄泉。而陶渊明获得'千古一人'的历史地位似乎要'轻易'得多，不过是喝喝酒、读读书、种种庄稼、写些关于南山、菊花的诗，平常得几乎不能再平常，自然得不能再自然了。说是诗人，诗也不多，连文章在内总共一百多篇。将秦始皇与陶渊明如此比较，结论显得有些离奇：就好像一架天平（人类价值的天平），一端放的是一座城堡或宫殿，一端则是一缕清风或一片白云，而那天平竟然没有显示出太多的偏斜。"

知识拓展

升官发财历来是人们孜孜以求的东西，可在陶渊明眼里，官场就是"樊笼"，迎来送往就是"以心为形役"。在辞官归隐之后，他才找到了那种"久在樊笼里，复得返自然"的感觉。离开了别人孜孜以求的官场，他不但不惋惜，而且异常高兴，"舟遥遥以轻飏，风飘飘而吹衣"，"云无心以出岫，鸟倦飞而知还"。其实，权力和财富并不能保证人们获得幸福，相反，很多人恰恰是在追逐权力和财富的道路上与幸福擦肩而过、失之交臂。以此观之，陶渊明发出"归去来兮"的呼唤简直就像一声棒喝，意在把世人颠倒的梦想再颠倒过来，告诉世人"苦海无边，回头是岸"。

建议：陶渊明被誉为"隐逸之宗"，请查阅相关资料，了解一下中国古代的隐逸文化。

真的有桃花源吗？

陶渊明下笔写《桃花源记》的时候，东晋王朝已经灭亡了。新生的政权是南朝刘宋。南朝刘宋的皇帝刘裕派大将檀道济前来请陶渊明到新朝廷做官，陶渊明拒绝了。拒绝的理由很简单：我已经很老了，您还是回去吧。

东晋末年，官场黑暗，陶渊明不愿意做官，刘宋新王朝请他去做官，他依然不愿意。隐居起来，过一种亲近自然的朴素生活，这样的生活，经济来源无保证，时不时会没钱买酒，但是，这样的生活能保证有充足的时间和较好的心情去"悠然见南山"。

对刘宋王朝来说，大文豪陶渊明算是前朝遗老，他对前朝东晋的感情是复杂的。他的曾祖父陶侃是东晋初年的高官，他们陶家世代享受恩荫。可陶渊明本人跟东晋王朝闹得很不愉快，最后辞官而去。当陶渊明写作《桃花源记》的时候，这种复杂的感情还是流露了出来。在他所描述的

"乐土"中，上来就挑明时间点是"晋太元中"，这不分明说的就是"前朝旧事"吗？借前朝旧事来抒发自己对理想生活的向往，这太符合前朝遗老的心态了。

那么，《桃花源记》所描写的一切全是作者虚构的吗？考诸史料，我们觉得亦有真实存在的可能性。中国自西汉末年开始，就有许多中原百姓拖家带口地逃进南方的深山老林之中，去过自给自足的生活。巴蜀、荆州、武夷、瓯越等地都是当时中原百姓逃离朝廷管控的新乐土。他们跑到南方之后，多选择在闭塞、险要的山林深处，开辟出一片平坦土地来，耕种自足。聚落发展大了之后，会形成坞堡。坞堡有坞主，也组建私人武装，用以保障聚落安全。到了东晋时期，中原地区战乱更加频繁，世家大族也不断地南迁，有人在坞堡的基础上建成了富庶的庄园。

《桃花源记》中所描写的"乐土"恰在武陵，当时那里的深山老林之中确实藏有秩序井然的坞堡和富庶繁华的庄园。由此，我们就可说，文中所记述武陵捕鱼人所发现的"桃花源"，很有可能就是一处经营管理极为有序的坞堡或庄园。

附：《桃花源记》

陶渊明

晋太元中，武陵人捕鱼为业。缘溪行，忘路之远近。忽逢桃花林，夹岸数百步，中无杂树，芳草鲜美，落英缤纷。渔人甚异之，复前行，欲穷其林。林尽水源，便得一山，山有小口，仿佛若有光。便舍船，从口入。初极狭，才通人。复行数十步，豁然开朗。土地平旷，屋舍俨然，有良田、美池、桑竹之属。阡陌交通，鸡犬相闻。其中往来种作，男女衣着，悉如外人。黄发①垂髫②，并怡然自乐。

注释

①黄发：指老人。老人头发白了之后转黄。

②垂髫（tiáo）：指小孩。小孩头上下垂的短发叫髫。

东晋太元年间，武陵郡人以打渔为生。"太元"是东晋孝武帝的年号，指公元376—396年间。武陵，古代郡名，在今天湖南常德一带。一天，他顺着溪水行船，忘记了路程的远近。忽然遇到一片桃花林，生长在溪水的两岸，长达几百步，中间没有别的树，花草鲜嫩美丽，落花缤纷。渔人对眼前的景色感到十分诧异，继续往前行船，想走到林子的尽头。桃林的尽头就是溪水的发源地，出现一座山，山上有个小洞口，洞里仿佛有点光亮。于是他下了船，从洞口进去了。起初洞口很狭窄，仅容一人通过。又走了几十步，突然变得开阔明亮了。呈现在他眼前的是一片平坦宽广的土地，一排排整齐的房舍，还有肥沃的田地、美丽的池沼，桑树竹林之类的。田间小路交错相通，鸡鸣狗叫到处可以听到。人们在田野里来来往往耕种劳作，男女的穿戴跟桃花源以外的世人完全一样。老人和小孩们个个都安适愉快，自得其乐。

见渔人，乃大惊。问所从来，具答之。便要①还家，设酒杀鸡作食。村中闻有此人，咸来问讯。自云先世避秦时乱，率妻子邑人来此绝境，不复出焉，遂与外人间隔。问今是何世，乃不知有汉，无论魏晋。此人一一为具言所闻，皆叹惋。余人各复延至其家，皆出酒食。停数日，辞去。此中人语云："不足为外人道也。"

注释

①要，同"邀"。

村里的人看到渔人，感到非常惊讶。问他是从哪儿来的，渔人详细地做了回答。村里有人邀请渔人到家中做客，设酒杀鸡做饭来款待他。村里的人听说来了这么一个人，就都来打听消息。他们说祖先为了躲避秦时的战乱，领着妻子儿女和乡邻来到这个与人世隔绝的地方，不再出去，因而跟外面的人断绝了来往。"秦时乱"，指的是秦朝时的战乱。他们问渔人现在是什么朝代，他们竟然不知道有过汉朝，更不必说魏晋两朝了。渔人把自己知道的事一一详尽地告诉了他们，听完以后，他们都感叹惋惜。其余的人各自又把渔人请到自己家中，都拿出酒饭来款待他。渔人停留了几天，向村里人告辞离开。村里的人对他说："我们这个地方不值得对外面的人说啊！"

真的有桃花源吗?

既出，得其船，便扶向路，处处志之。及郡下，诣太守，说如此。太守即遣人随其往，寻向所志，遂迷，不复得路。

渔人出来以后，找到了他的船，就顺着旧路回去，处处都做了标记。这里的"志"，用作动词，"做标记"的意思。渔人到了郡城，拜见太守，向太守报告了自己的这番经历。太守立即派人跟着他去，寻找以前所做的标记，结果却迷失了方向，再也找不到通往桃花源的路了。

南阳刘子骥，高尚士也，闻之，欣然规往。未果，寻病终。后遂无问津者。

南阳人刘子骥是个志向高洁的隐士，听到这件事后，高兴地计划前往。但没有实现，不久因病去世了。此后就再也没有问桃花源路的人了。这里的"刘子骥"是晋代南阳人，著名隐士。"问津者"指寻访桃花源的人。

解析

陶渊明生活的时代是中国历史上有名的乱世，可是，就是在这样的乱世里，他为人们描绘了一个"桃花源"，在这里，"土地平旷，屋舍俨然，有良田、美池、桑竹之属。阡陌交通，鸡犬相闻。其中往来种作，男女衣着，悉如外人。黄发垂髫，并怡然自乐。"

有人认为幻想"桃花源"是一种逃避的心理，其实这是不对的。心中有"桃花源"并不意味着不敢正视现实，相反，往往是因为对现世的苦难有着极为深切的体察，所以我们才更需要一个美好的精神彼岸来与之对抗。现实之上，是理想的天空；现实之下，是精神的深渊。天空高扬希望，深渊传达绝望。面对同样的现实，我们到底是该高扬希望还是要传达绝望？希望是精神的天堂，而绝望是灵魂的地狱。陶渊明身处红尘，心向净土，他生逢乱世之秋，却依然讴歌和平有序的桃花源，这就是在向人们传达一种希望。也正因如此，陶渊明的"桃花源"也就成了历代中国人理想社会的代名词。

知识拓展

《桃花源记》的文字特点与《归去来兮辞》不一样，《归去来兮辞》重在写景抒情，《桃花源记》则重在记述；《归去来兮辞》语言优美、整饬，有大量的排比、对仗句式；《桃花源记》则行文疏朗，层次明晰。诵读《桃花源记》一文之前，要先把握这篇文章的结构层次，此文主要分为四个层次，即武陵捕鱼人发现桃花源、进入桃花源、离开桃花源、再寻桃花源。

建议：学习《桃花源记》层次分明的写作手法，自己写一篇层次分明的记叙文。

魏徵劝谏李世民

在隋朝末年纷繁的战乱中，魏徵的前半生过得并不顺利。他先是跟随李密东征西讨，在李密投降唐朝后，他也跟着投降大唐。当时，李密的旧部还在河南、河北等地，魏徵就主动要求去招抚这些人，可是，招抚了旧部之后，他们又被窦建德的军队打败，被俘后的魏徵又投靠窦建德。后来，窦建德的军队在武牢关之战中被李世民击败，这时他才有机会逃回长安。回到长安后，他成了"太子李建成的人"。他曾建议李建成先发制人，采取果断手段"解决"李世民。可惜，他的建议未被采纳。结果，李世民先发制人，发动了玄武门之变，一举"解决"了太子李建成和三弟李元吉。这之后，魏徵才以一个"战俘"的身份近距离地接触到了李世民。

玄武门之变后，李世民"召见"魏徵，责问道：你为什么离间我们的兄弟关系？

面对这句气势汹汹地逼问，身为战俘的魏徵"举止自若"，他的回答是：如果前太子采纳了我的建议，就一定不会有今天的灾祸。

魏徵此言一出，李世民反而"改容礼之，引为詹事主簿。"

后人分析，魏徵的回答虽然看上去是答非所问，口气还"死硬"的，可是这里面暗藏了很多玄机，潜台词异常丰富：其一，我魏徵对这场宫廷斗争有着清醒的认识，如果李建成听我的，他就不会失败，这说明我是一个很好的谋臣；其二，我对你李世民很钦佩。我的正确建议没有被李建成采纳，却被你李世民采纳了，这说明我们两个是"英雄所见略同"。如果我是你李世民的手下，我也就不会怀才不遇了。

作为一代明君，李世民显然听懂了魏徵回话的丰富内容，所以"改容礼之"。这是两大高手之间的过招，两者并没有一招一式的真正对弈，他们仅仅凭着对上一局棋的复盘就知晓了各自的高超棋力，并且高度默契地认为对方正是自己所要寻找的人。

当然，魏徵更精彩的作为还在后面。李世民当上皇帝之后，首先面临的一个问题就是制定基本的执政方向。在这个问题上，相当多的大臣主张用法家"严刑峻法"的理念治理国家，但是，魏徵据理力争，坚持儒家"仁政"的治国理念，主张"轻徭薄赋"和"休养生息"。最后，李世民采纳了魏徵的主张。这便是"贞观定策"。制定正确的国策，是唐朝日后能开创贞观之治盛世局面的理论基础。在这一点上，魏徵功不可没。

贞观定策之后，魏徵在唐朝政坛的作用愈加重要，他一次次地触犯龙颜，向李世民进谏，李世民也一次次地虚心纳谏，由此，二人演绎出了一段传诵千秋的佳话。

贞观十七年，魏徵去世，李世民失声痛哭，然后说出了那段名言：

魏徵劝谏李世民

"夫以铜为镜可以正衣冠；以古为镜可以知兴替；以人为镜可以明得失。朕常保此三镜，以防己过。今魏徵殂逝，吾亡一镜矣！"作为一位诤臣，能得到君王如此嘉许，魏徵若地下有知，也该感到欣慰了。

附：谏太宗十思疏

魏　徵

臣闻求木之长者，必固其根本；欲流之远者，必浚①其泉源；思国之安者，必积其德义。源不深而望流之远，根不固而求木之长，德不厚而思国之安，臣虽下愚，知其不可，而况于明哲乎？人君当②神器之重，居域中之大，将崇极天之峻，永保无疆之休。不念居安思危，戒奢以俭，德不处其厚，情不胜其欲，斯亦伐根以求木茂，塞源而欲流长也。

注释

①浚（jùn）：疏通，深挖。

②当：主持，掌握。

我听说想要树木生长，一定要稳固它的根。想要河水流得远，一定要疏通它的源头。想要国家安定，一定要厚积道德仁义。源头不深却希望河水流得远，根系不牢固却想要树木生长。道德不深厚却想要国家安定，我虽然地位低见识浅，也知道这是不可能的，更何况您这么聪明睿智的人呢！国君处于皇帝的重要位置，占据天地间的大位，应该推崇皇权的高峻，永保永无止境的美善。不在安逸的环境中想到危难，力戒奢侈，奉行节俭，道德不能保持敦厚，性情不能克服欲望，这也如同挖断树根来求得树木茂盛，堵塞源头而想要河水流得远啊。

魏徵劝谏李世民

凡百元首，承天景命，莫不殷忧而道著，功成而德衰。有善始者实繁，能克终者盖寡。岂其取之易而守之难乎？昔取之而有余，今守之而不足，何也？夫在殷忧必竭诚以待下，既得志，则纵情以傲物；竭诚则吴、越为一体，傲物则骨肉为行路。虽董之以严刑，振之以威怒，终苟免而不怀仁，貌恭而心不服。怨不在大，可畏惟人；载舟覆舟，所宜深慎。

古代所有的帝王，承受了上天的重大使命。无不是在深深的忧虑中就论道显著，而一旦功成名就就道德衰退。他们开始时做得好的实在很多，可能坚持到底的就很少了。难道是取得天下容易守住天下困难吗？当初创业时，能力绰绰有余；现在守卫天下却力量不足，这是为什么呢？原来人处在深重的忧虑之中，通常能竭尽诚心来对待臣民，等成功了之后，就放纵自己的性情来傲视别人。竭尽诚心，即便是仇敌也可以团结成一个整体；傲慢待人，虽即便是亲人成会疏远成路人。"殷忧"，深沉的忧虑。"吴越"，指的是吴国和越国。吴国和越国曾是敌对国，"吴越为一体"，意思是原本是敌对的双方也都团结成一个整体了。"傲物"，即看不起别人。即使用严酷的刑罚来督责他们，用威风怒气来吓唬他们，结果大家也只求免于刑罚而不会怀念恩德，外表恭敬而内心不服。"虽董之以为严刑"的"董"，是督责、监督的意思。怨恨不在大小，值得尊敬的是百姓。他们像水一样，能够负载船只，也能颠覆船只，这是应当深切谨慎的。"载舟覆舟"的说法，出自《荀子》，荀子说："君者，舟也；庶人者，水也。水能载舟，亦能覆舟。"

君人者，诚能见可欲，则思知足以自戒；将有作，则思知止以安人；念高危，则思谦冲而自牧；惧满溢，则思江海下百川；乐盘游，则思三驱以为度；忧懈怠，则思慎始而敬终；虑壅蔽，则思虚心以纳下；想谗邪，则思正身以黜恶；恩所加，则思无因喜以谬赏；罚所及，则思无因怒而滥刑。总此十思，弘兹九德。简能而任之，择善而从之，则智者尽其谋，勇者竭其力，仁者播其惠，信者效其忠；文武争驰，在君无事，可以尽豫游之乐，可以养松乔之寿，鸣琴垂拱，不言而化。何必劳神苦思，代下司职，役聪明之耳目，亏无为之大道哉？

这一段说的就是"十思"了，也就是国君遇到十种不同的情况该如何思考。第一思，做国君的人，见到合意的东西就要想到用知足来自我克制；第二思，将要兴建什么，就要想到适可而止来使百姓安定。这里的"作"指的是兴建宫殿之类的。第三思，顾念帝位高高在上，就想到要谦虚谨慎，并加强自我约束；这里的"谦冲"就是谦虚的意思。"自牧"指自我修养。第四思，害怕骄傲自满，就要像江海那样，处于众多河流的下游；第五思，喜爱狩猎就想到网三面留一面；这里的"盘游"指打猎游乐。"三驱"，旧时君王打猎，围合三面，让开一面，好让鸟兽逃走，以示人君的好生之德。第六思，担心意志松懈，就想到做事要慎始慎终；第七思，担心言路不通受蒙蔽，就想到（做事）虚心采纳臣下的意见；第八思，考虑到朝中出现谗佞奸邪，就想到使自身端正，这样才能罢黜奸邪；"黜恶"，指斥退邪恶的人。第九思，施加恩泽，要考虑到不要因为一时高兴而奖赏不当；第十思，动用刑罚，要想到不要因为一时发怒而滥用刑罚。全面做到这十件应该深思的事，弘扬为政的九种美德。为政的九种美德出自《尚书·皋陶谟》，这就条美德分别是"宽而栗，柔而立，愿而恭，乱而敬，扰而毅，直而温，简而廉，刚而塞，强而义"。皋陶认为，

魏徵劝谏李世民

理想中的官员应该具备以下九种德行：宽宏大量而又严肃恭谨，性情温和而又有主见，态度谦虚而又庄重严肃，具有才干而又办事认真，善于听取别人意见而又刚毅果断，行为正直而又态度温和，直率旷达而又品行廉洁，刚正不阿而又脚踏实地，坚强勇敢而又符合道义。

选拔有才能的人而任用他，挑选好的意见去听从。那么，有智慧的人就能充分献出他的谋略，勇敢的人就能完全使出他的力量，仁爱的人就能散播他的恩惠，诚信的人就能献出他的忠诚。文臣武将争先恐后前来效力，君王大臣之间没有什么事情，可以尽享游玩的快乐，可以颐养像松、乔两位神仙的长寿。国君就可以垂衣拱手，不用操劳而天下太平。哪里用得着自己去劳神费力，代替百官的职事呢！劳损聪明的耳目，违背无为而论的方针呢？这里的"简"是选拔的意思。"百司"指的是百官。

解析

中国古代一直就很注重官员的道德问题，并有许多精彩论断。在《尚书·皋陶谟》中，皋陶跟大禹讨论如何选拔官员，皋陶就总结出了"为政九德"。魏徵在《谏太宗十思疏》中以"十思"劝谏唐太宗李世民，这"十思"就是通往"九德"的路径。

《谏太宗十思疏》共三个自然段，第三个自然段才是讲"十思"，前两个自然段则是为引出"十思"所做的"理论铺垫"。第一段讲治国需要从积德这一个根本问题上做起，先正说，后反说。"求木之长者，必固其根本；欲流之远者，必浚其泉源；思国之安者，必积其德义"，这是正说。接着以比喻的手法来反说，"源不深而望流之远，根不固而求木之长，德不厚而思国之安"，是万万不可能的。正说和反说之后，归结到君主必须"居安思危，戒奢以俭"。第二段分别从"在殷忧"和"既得志"等不同时期所采取的不同态度，正反论述。君主"在殷忧"时，一定能竭尽诚意对待手下的人；而君主如果能对部下竭尽诚意，就能使君臣契合，上下一心。君主在"既得志"时，往往为所欲为，傲视他人；傲视他人，即使亲属也会变得如同行路人那样互不相认。这一段的用意是告诫唐太宗不可以帝王之尊傲视群臣，与人结怨。第三段以"十思"全面阐述"积德义"的具体内容。这"十思"是魏征提醒唐太宗多侧面"积德义"的操作手册。

知识拓展

《谏太宗十思疏》的创作背景：

唐太宗李世民向来生活俭朴，到贞观初年，他借鉴隋炀帝覆亡的教训，进一步保持了节俭、谨慎的作风，施行了不少有利于国计民生的政策。又经过十几年的治理，经济得到发展，百姓生活也富裕起来，边防巩固，内外无事，唐太宗逐渐骄奢忘本，修庙宇宫殿，广求珍宝，四处巡游，劳民伤财。魏征清醒地看到了繁荣昌盛背后隐藏的危机。在贞观十一年三月到七月，"频上四疏，以陈得失"，《谏太宗十思疏》是其中第二疏。

建议：设想一下，假如你是李世民，收到魏徵的这篇文章后，你该怎样回复？请把你的回复写下来吧。

李白不曾孤单过

想出名是一件很难的事，即便你是才华盖世的李白。

李白号青莲居士，其父亲李客是一个有文化的富商，他在李白还很小的时候就教李白读司马相如的《子虚赋》，对李白进行文学启蒙教育。

李白很聪明，但他刚开始读书的时候并不太用功，像很多孩子一样，比较贪玩。据说，有一天他遇见了一个老婆婆，这个老婆婆拿着一根铁棒在河边的石头上磨。李白问老婆婆在干什么，老婆婆告诉他要把这根铁棒磨成针。李白觉得铁棒这么粗，要磨成针是不可能的，就劝老婆婆不要费劲儿了。可老婆婆告诉他，只要肯下功夫，坚持下去，铁棒是可以磨成针的。李白听后很有感触，从此开始用功读书。

18岁的时候，李白已经很有学问了。有了学问和志向之后，他不甘心窝在偏僻的家乡，渴望到更广阔的天地去施展拳脚，建功立业。于是，为了寻找发展机会，他踏上了漫长的外出游历的道路。他首先来到了梓州。

梓州最吸引李白的不是风光，而是一个叫赵蕤的纵横家。赵蕤年轻时已有经国济世之志，可惜他多次去朝廷应试都不中，便隐居山中，写作了一部凝聚自己毕生才学的著作《长短经》。拜见赵蕤之后，李白对这位传奇老人十分钦佩。

赵蕤告诉李白，要想真正建功立业，就要吸取我赵蕤的教训，不要对科举抱有幻想，为科举误了学问和人生，要走科举之外的道路。科举之外的道路便是读万卷书、行万里路，靠真才实学赢得民间声望，等声名显赫、闻达京城的时候，皇帝自会下诏求贤。这时你就可以平步青云、大展宏图了。

李白在梓州赵蕤那里待了两年多，这段时间对李白至关重要。可以说，赵蕤给李白所进行的成才设计深深地影响了李白日后的人生轨迹和思想选择。终其一生，李白对人生都抱有一种"不飞则已，一飞冲天"的浪漫设想。这种气质反映到他的文学创作中，便形成了李白豪放不羁、傲岸奔放的诗风。

20岁的时候，李白告别赵蕤，离开梓州到了成都。李白在蜀中周游了四五年的时间，他一边游历一边寻找发展机会。在游历的过程中，他写下了很多诗，但是他并没有找到满意的发展机会。于是，他乘船东下，到了湖北的安陆。在安陆，他娶了第一位夫人许氏，许氏出身豪门，其爷爷是前宰相许圉师。在安陆，李白过了十年逍遥的日子。修道炼丹、旅游写诗成了他这段时期生活的主要内容。李白虽然很想迅速成名，以便实现建功立业的理想，但他坚决不走科举的道路。他认为，通过积累民间声望也可以引起朝廷的注意。可是，经过十年，李白的名气依然不大，而这时他已经快40岁了。无奈之下，他只得来到大唐的国都长安。

李白不曾孤单过

在唐朝，文人要想成名大都要投靠权贵，通过权贵的引荐才可脱颖而出。可是，身为"外省人"，想结识权贵并不容易——哪怕你有点才华。李白七转八拐，终于结识了大唐王朝的一位驸马，可是，这位驸马只把李白安排在玉真公主终南山的别墅里暂住，并不向唐玄宗推荐。不管怎么说，这时的李白可以陪着玉真公主谈玄说道、吟诗作赋了。玉真公主是唐玄宗的妹妹，很早就出家修道了。所以，玉真公主并不能很快就把李白引荐给唐玄宗。李白感到失望，过了一段时间就离开了终南山，返回了湖北安陆。

回到安陆之后，他继续广交文人名士，旅游写诗。这期间，李白多次向权贵自荐，多次受挫。他也一度意志消沉。意志消沉的时候他就跟道士炼丹，跟隐士喝酒作诗，跟文人相互唱和。这样过了五六年之后，李白终于被朝廷认可。公元 742 年，唐玄宗下诏征李白入京。

这时，李白已经年过不惑了。

到长安后，李白见到了文坛老前辈贺知章。贺知章当时 80 多岁，早已功成名就了，他是太子的门客，诗写得好，也擅长书法，所以，政坛、文坛的人都买"贺老"的账儿。贺知章以前就读过李白写的诗，这次见到了李白本人，立即便喜欢上了这位气度非凡的诗人，惊叹为"谪仙人"。经过皇帝的征召，再加上贺知章的揄扬，李白遂名满天下。

成名之后的李白在政治上并没有飞黄腾达。他的职务是翰林学士，也就是皇帝的文学顾问，主要的工作就是陪唐玄宗饮酒赋诗。唐玄宗对李白的诗歌才华非常欣赏，李白也着实过了一段春风得意的生活。可是，李白终究是诗人，他不拘小节、恃才放旷的性格十分容易得罪权贵，最后遭受排挤，被皇帝"赐金放还"了——多给你一点钱，这份工作你就别干了。

被皇帝辞退之后,李白继续旅游、写诗。安史之乱爆发后,他在政治上"站错了队",当了永王李璘的幕僚。李璘兵败被杀后,李白也受到了政治清算,被流放夜郎(今贵州桐梓一带)。后来遇上朝廷大赦,李白在返程的途中病逝于安徽当涂。

附：《春夜宴桃李园序》

李　白

夫天地者，万物之逆旅也；光阴者，百代之过客也。而浮生若梦，为欢几何？古人秉烛夜游，良有以也。况阳春召我以烟景，大块假我以文章。会桃花之芳园，序天伦之乐事。群季俊秀，皆为惠连；吾人咏歌，独惭康乐。幽赏未已，高谈转清。开琼筵以坐花，飞羽觞而醉月。不有佳咏，何伸雅怀？如诗不成，罚依金谷酒数。

　　李白的这篇《春夜宴桃李园序》大约写于开元二十一年（公元733年），当时李白正在安陆生活。在这里，他娶已故宰相许圉师的孙女为妻，养育了一双儿女，享受家庭生活之乐。这篇文章，将景、情、思融和成一种美丽的意境。在桃李芬芳的季节，诗人与自己的几位堂弟一起行游于醉柳清烟的园中，众人谈笑风生，摆酒设宴，四处春花飘香，清风轻轻拂来，席间各赋新诗，作不出诗来的要罚酒三斗，一时间笑声盈盈，确是人生一大乐事。

　　文章的开头就不同凡响，天地是万物的客舍，时光是古往今来的过客。"逆旅"指旅馆。"逆"是"迎"的意思，"逆旅"，就是迎接旅客的地方。人生在世，好像做梦一般，得到的欢乐，能有多少？如此看来，古人夜间执着蜡烛游玩，也实在是有道理啊。况且春天用艳丽景色召唤我，大自然把各种美好的形象赐予我。"阳春"指温暖的春天。"烟景"指春天的美好景色。"大块"指大自然。"文章"，原指错综美丽的色彩或花纹，这里指锦绣般的自然景物。相聚在桃花飘香的花园中，畅叙兄弟间快乐的往事。弟弟们英俊优秀，个个都有谢惠连那样的才情，而我作诗吟咏，却有些惭愧,赶不上谢灵运。"群季"指李白的各位弟弟。古人兄弟按年龄排列，称伯、仲、叔、季。这里的"惠连"指南朝文学家谢惠连，他是谢灵运的族弟，当时人称他们为"大小谢"。作者借此以赞誉诸弟的才华。"吾人"指作者自己。这里的"康乐"指谢灵运。他在晋时袭封康乐公，所以称谢康乐。他是南朝宋的著名诗人，善于描绘自然景色，开文学史上的山水诗一派。清雅的赏玩兴致正雅，高谈阔论又转向清言雅语。摆开筵席来坐赏名花，快速地传递着酒杯醉倒在月光中。"琼筵"，比喻美好的筵席。"羽觞"，古代喝酒用的两边有耳的杯子。没有好诗，怎能抒发高雅的情怀?倘若有人作诗不成，就要按照当年石崇在金谷园宴客赋诗的先例，谁咏不出诗来，罚酒三杯。 这里的"伸"是抒发的意思。"雅怀"指高雅的情怀。这里的"罚依金谷酒数"，运用了晋朝富豪石崇的典故。石崇建有金谷园，他常在园中同宾客饮宴，即席赋诗，不会做的要罚酒三杯。石崇《金谷诗序》中有"遂各赋诗，以叙中怀，或不能者，罚酒三杯"的句子。

解析

　　这篇文章十分短小，但写得大开大合，如行云流水，充满了潇洒飘逸、豪情纵横的诗意。他在文中所写的"浮生若梦、为欢几何"和曹操"对酒当歌、人生几何"有相似的豪迈之处，表现出李白特有的那种高傲蔑俗、放荡不羁的性格。

知识拓展

　　本文抒发了诗人李白热爱生活、热爱自然，以及对兄弟们和睦友爱的喜悦之情。

　　在桃李芬芳的春夜里，与自己的几位堂弟一起行游。众人谈笑风生、摆酒设宴，四处春花飘香，清风拂过，兄弟们各赋诗作。一时间笑满席间，确是人生乐事。

　　建议：用尽可能工整的字迹默写一首李白的诗。

叔父的内心独白

韩愈的父亲叫韩云卿，很早的时候就去世了。有子三人：长子韩会，次子韩介，三子韩愈。十二郎原名韩老成，是韩介的次子，后过继给韩会为子，在韩家同辈中排行十二，故称"十二郎"。

韩愈三岁丧父，长兄韩会夫妇将其抚养长大。可惜，韩会也中年去世了。韩家男丁不旺，韩愈和侄子韩老成"两世一身"，叔侄感情非常深厚。韩老成死后，韩愈非常悲伤，写下了这篇《祭十二郎文》。

《祭十二郎文》写于唐贞元十九年（公元 803 年），这个时候，韩愈在文学上已经很有名气了。韩愈考进士，四次才考中。考中之后还要通过吏部的"公务员资格考试"才可做官，这个吏部的铨选考试，他又是考了四次才中。考中之后，他做了国子监的博士。国子监是当时全国的最高学府，博士是个学官，官衔虽不高，但在京师可以广收门徒，在学术界很有影响力。韩愈学问好，文章好，再加上国子监博士的头衔，所以他的门徒

叔父的内心独白

越来越多。

　　国子监博士之后，韩愈还做过监察御史。在做监察御史的时候，他因批评时政遭贬，被贬为连州阳山令。就在这一年，他的侄子韩老成去世了。韩愈家族，一直男丁不盛，父亲早殁，哥哥早殁，现在侄子又早殁。韩愈自己此时仕途不顺，健康状况也不佳。种种情况汇聚一处，使得韩愈在《祭十二郎文》有了一次集中的情感总爆发，他将整个韩氏家族的悲情汇聚于这篇祭文之中，情真意切，感人肺腑。《古文观止》的编选者说它"字字是血，字字是泪"，是"祭文中的千古绝调"。

附：祭十二郎文

韩 愈

年月日，季父愈闻汝丧之七日，乃能衔哀致诚，使建中远具时羞之奠，告汝十二郎之灵：

这一段是祭文的一般格式，"年月日"，就是指某年某月某日，指祭祀的时间。"季父"父辈中排行最小的叔父，这里指韩愈自己。"衔哀致诚"，衔哀，心中含着悲哀；致诚，表达赤诚的心意。"建中"是人名，韩愈家中的一个仆人。"时羞"指应时的鲜美佳肴。羞，同"馐"。某年、某月、某日，叔父韩愈在听说你去世后的第七天，才得以含着哀痛向你表达诚意，并派建中在远方备办了应时的鲜美食品作为祭品，告慰你十二郎的魂灵：

呜呼！吾少孤，及长，不省所怙[①]，惟兄嫂是依。中年，兄殁南方，吾与汝俱幼，从嫂归葬河阳；既又与汝就食江南，零丁孤苦，未尝一日相离也。吾上有三兄，皆不幸早世。承先人后者，在孙惟汝，在子惟吾，两世一身，形单影只。嫂尝抚汝指吾而言曰："韩氏两世，惟此而已！"汝时尤小，当不复记忆；吾时虽能记忆，亦未知其言之悲也。

注释

①怙（hù）：《诗·小雅·蓼莪》："无父何怙，无母何恃。"后世因用"怙"代父，"恃"代母。失父曰失怙，失母曰失恃。

叔父的内心独白

唉，我自幼丧父，等到大了，不知道父亲是什么模样，只好依靠兄嫂抚养。幼年丧父称"孤"。父亲在韩愈三岁的时候就去世了，所以他说"吾少孤"。哥哥正当中年的时候就在南方去世，当时，我和你都还小，跟随嫂嫂把灵柩送回河阳老家安葬。这里，韩愈所说的"兄殁南方"，指的是公元779年，韩愈的长兄韩会由起居舍人贬为韶州（今广东韶关）刺史，次年死于任所，年四十三。当时韩愈只有十一岁，随兄长在韶州。随后又和你到江南谋生，孤苦伶仃，也未曾分开过一天。这里所说的"就食江南"，指的是公元781年，北方藩镇反叛，中原局势动荡。韩愈随嫂迁家避居宣州（今安徽宣城）。我上面本来有三个哥哥，都不幸早死。继承祖先香火的，在孙子辈里只有你，在儿子辈里只有我。韩家子孙两代各剩一人，孤孤单单。嫂子曾经抚摸着你的头对我说："韩氏两代，就只有你们两个了！"那时你比我更小，当然记不得了；我当时虽然能够记事，但也还不能体会她话中的悲凉啊！这一段主要写韩家凄苦的身世。

吾年十九，始来京城。其后四年，而归视汝。又四年，吾往河阳省坟墓，遇汝从嫂丧来葬。又二年，吾佐董丞相于汴州，汝来省①吾，止一岁，请归取其孥②。明年，丞相薨③，吾去汴州，汝不果来。是年，吾佐戎徐州，使取汝者始行，吾又罢去，汝又不果来。吾念汝从于东，东亦客也，不可以久；图久远者，莫如西归，将成家而致汝。呜呼！孰谓④汝遽⑤去吾而殁乎！吾与汝俱少年，以为虽暂相别，终当久相与处，故舍汝而旅食京师，以求斗斛⑥之禄；诚知其如此，虽万乘⑦之公相，吾不以一日辍汝⑧而就⑨也⑦！

注 释

①省（xǐng）：探望，此引申为凭吊。

②取其孥（nú）：把家眷接来。孥，妻和子的统称。

③薨（hōng）古时诸侯或二品以上大官死曰薨。贞元十五年（799 年）二月，董晋死于汴州任所，韩愈随葬西行。

④孰谓：谁料到。

⑤遽（jù）：骤然。

⑥斗斛（hú）：唐时十斗为一斛。斗斛之禄，指微薄的俸禄。

⑦万乘（shèng）：指高官厚禄。古代兵车一乘，有马四匹。封国大小以兵赋计算，凡地方千里的大国，称为万乘之国。

⑧辍（chuò），停止。辍汝，和上句"舍汝"义同。

⑨就：就职。

　　我十九岁时，初次来到京城参加考试。四年以后，才回去看你。又过了四年，我去河阳凭吊祖先的坟墓，碰上你护送嫂嫂的灵柩来安葬。"遇汝从嫂丧来葬"，指的是韩愈嫂子郑氏卒于元贞元九年（793 年）。贞元十一年，韩愈往河阳祖坟扫墓，与奉其母郑氏灵柩来河阳安葬的十二郎相遇。又过了两年，我在汴州辅佐董丞相，你来探望我，留下住了一年，你请求回去接妻子儿女。这里所说的"董丞相"指的是董晋。贞元十二年（796 年），董晋以检校尚书左仆射，同中书门下平章事任宣武军节度使，汴、宋、亳、颍等州观察使。当时，韩愈在董晋幕中任节度推官。"汴州"，古代州名，治所在今河南开封。第二年，董丞相去世，我离开汴州，你没能来成。这里的"不果"，意思是"不能够"。这一年，我在徐州辅佐军务，派去接你的人刚动身，我就被免职，你又没来成。这里韩愈所说的

叔父的内心独白

"佐戎徐州"指的是韩愈入徐、泗、濠节度使张建封幕任节度推官。我想，你跟我在东边的汴州、徐州，也是客居，不可能久住。从长远考虑，还不如我回到西边，等在那里安下家再接你来。唉！谁能料到你竟突然离我而死呢！当初，我和你都年轻，总以为虽然暂时分别，终究会长久在一起的，因此我离开你而旅居长安，以寻求微薄的俸禄。假如早知道会这样，即使让我做高官厚禄的公卿宰相，我也不愿因此离开你一天而去赴任啊！韩愈在这一段回顾了和十二郎的过往。

去年，孟东野往，吾书与汝曰："吾年未四十，而视茫茫，而发苍苍，而齿牙动摇。念诸父与诸兄，皆康强而早世，如吾之衰者，其能久存乎？吾不可去，汝不肯来；恐旦暮死，而汝抱无涯之戚也。"孰谓少者殁而长者存，强者夭而病者全乎？

呜呼！其信然邪？其梦邪？其传之非其真邪？信也，吾兄之盛德而夭其嗣乎？汝之纯明而不克蒙其泽乎？少者强者而夭殁，长者衰者而存全乎？未可以为信也。梦也，传之非其真也？东野之书，耿兰之报，何为而在吾侧也？呜呼！其信然矣！吾兄之盛德而夭其嗣矣！汝之纯明宜业其家者，不克蒙其泽矣！所谓天者诚难测，而神者诚难明矣！所谓理者不可推，而寿者不可知矣！虽然，吾自今年来，苍苍者或化而为白矣，动摇者或脱而落矣，毛血日益衰，志气日益微，几何不从汝而死也！死而有知，其几何离？其无知，悲不几时，而不悲者无穷期矣！

汝之子始十岁，吾之子始五岁，少而强者不可保，如此孩提者，又可冀其成立邪？呜呼哀哉！呜呼哀哉！

去年，孟东野到你那里去时，我写给你的信中说："我年纪还不到四十岁，但视力模糊，头发花白，牙齿松动。"这里的"去年"，指贞元十八年（802年）。孟东野，是韩愈的诗友孟郊。这一年孟郊出任溧阳（今属江苏）尉，溧阳离宣州不远，所以韩愈托他捎信给宣州的十二郎。韩愈在信中还说："想起各位父兄，都在健康强壮的盛年早早去世，像我这样衰弱的人，难道还能长活在世上吗？我不能离开职守，你又不肯来，恐怕我早晚一死，你就会有无穷无尽的忧伤。"可是，谁能料到年轻的却先死了，而年老的反而还活着，强壮的早早死去，而衰弱的反而还活在人间呢？

唉！是真的这样呢？还是在做梦呢？还是这传来的消息不可靠呢？如果是真的，那么我哥哥有美好的品德反而早早地绝后了呢？你纯正聪明反而不能承受他的恩泽吗？难道年轻强壮的反而要早早死去，年老衰弱的却应活在世上吗？实在不敢把它当作真的啊！如果是梦，传来的噩耗不是真的，可是东野的来信，耿兰的报丧，却又为什么在我身边呢？哎！大概是真的了！我哥哥有美好的品德竟然早早地失去后代！你纯正聪明，本来是应该继承家业的，现在却不能承受你父亲的恩泽了！这正是所谓苍天确实难以揣测，而神意实在难以知道了！也就是所谓天理不可推求，而寿命的长短无法预知啊！即使这样，我从今年以来，花白的头发，全要变白了，松动的牙齿，也像要脱落了，身体越来越衰弱，精神也越来越差了，过不了多久就要随你死去了。如果死后有知，那么我们又能分离多久呢？如果我死后无知，那么我也不能悲痛多少时间了，而不悲痛的时间却是无穷无尽的。

你的儿子才十岁，我的儿子才五岁，年轻强壮的尚不能保全，像这么大的孩子，又怎么能希望他们成人立业呢？悲痛啊，真是悲痛！这里韩愈说的"汝之子"，指的是十二郎的两个儿子，长字韩湘，次子韩滂。韩愈所说的"吾之子始五岁"，指的是韩愈长子韩昶。这一段将对侄子十二郎的感情抒发得淋漓尽致，非常感人。

叔父的内心独白

汝去年书云："比^①得软脚病，往往而剧。"吾曰："是疾也，江南之人，常常有之。"未始以为忧也。呜呼！其竟以此而殒其生乎？抑别有疾而至斯极乎？汝之书，六月十七日也。东野云：汝殁以六月二日；耿兰之报无月日。盖东野之使者，不知问家人以月日；如耿兰之报，不知当言月日；东野与吾书，乃问使者，使者妄称以应之乎。其然乎？其不然乎？

今吾使建中祭汝，吊汝之孤与汝之乳母。彼有食，可守以待终丧，则待终丧而取以来；如不能守以终丧，则遂取以来；其余奴婢，并令守汝丧。吾力能改葬，终葬汝于先人之兆，然后惟其所愿。

注 释

①比（bì）：近来。软脚病：即脚气病。

你去年来信说："近来得了软脚病，时常发作，疼得厉害。"我说："这种病，江南人常常得。"没有当作值得忧虑的事。唉，谁知道你竟然会因此而丧了命呢？或者，你是由于别的病而去世的呢？你的信是六月十七日写的。东野说你是六月二日死的，耿兰报丧时没有说具体的日期。大概是东野的使者不知道向你的家人问明日期，而耿兰报丧竟不知道应该告诉日期？还是东野给我写信时，才去问使者，使者胡乱说个日期应付呢？是这样呢？还是不是这样呢？

现在我派建中来祭奠你，安慰你的孩子和你的乳母。他们有粮食能够守丧到丧期终了，就等到丧期结束后再把他们接来。如果不能守到丧期终了，我就马上接来。剩下的奴婢，叫他们一起守丧。如果我有能力给你迁葬，最后一定把你安葬在祖坟旁，这样以后，才算了却我的心愿。这里的"先人之兆"，指的是祖先的墓地。

呜呼！汝病吾不知时，汝殁吾不知日。生不能相养以共居，殁不得抚汝以尽哀，敛不凭其棺，窆①不临其穴，吾行负神明而使汝夭。不孝不慈，而不能与汝相养以生，相守以死；一在天之涯，一在地之角，生而影不与吾形相依，死而魂不与吾梦相接，吾实为之，其又何尤！彼苍者天，曷其有极！自今已往，吾其无意于人世矣！当求数顷之田于伊颍②之上，以待余年，教吾子与汝子幸其成，长③吾女与汝女，待其嫁，如此而已！

呜呼，言有穷而情不可终，汝其知也邪？其不知也邪？呜呼哀哉！尚飨④！

注释

①窆（biǎn）：下棺入土。

②伊颍（yǐng）：伊水和颍水，均在今河南省境。

③长（zhǎng）：用如动词，养育之意。

④尚飨（xiǎng）：古代祭文结语用词，意为希望死者享用祭品。

唉，你患病我不知道时间，你去世我不知道日子。你活着的时候我不能和你住在一起，互相照顾，死的时候没有抚尸痛哭，入殓时没在棺前守灵，下棺入葬时又没有亲临你的墓穴。我的行为辜负了神明，才使你这么早死去，我对上不孝，对下不慈，既不能与你相互照顾着生活，又不能和你一块死去。一个在天涯，一个在地角，你活着的时候不能和我形影相依，死后魂灵也不在我的梦中显现，这都是我造成的灾难，又能抱怨谁呢？天哪，我的悲痛哪里有尽头呢？从今以后，我已经没有心思奔忙在世上了！还是回到老家去置办几顷地，度过我的余年。教养我的儿子和你的儿子，希望他们成才；抚养我的女儿和你的女儿，等到她们出嫁，如此而已。

唉！话有说完的时候，而哀痛之情却不能终止，你知道呢？还是不知

叔父的内心独白

道呢？悲哀啊！你来享用祭品吧！"尚飨"是古代祭文的结语用语，意思是，该与死者说的话都说完了，最后请死者享用祭品辞。

解析

　　韩愈在这篇《祭十二郎文》中一反传统祭文以铺排郡望、藻饰官阶、历叙生平、歌功颂德为主的固定模式，主要记家常琐事，表现自己与死者的密切关系，抒发难以抑止的悲哀和刻骨铭心的骨肉亲情。作者采用与死者对话的方式，边诉边泣，吞吐呜咽，交织着悔恨、悲痛、自责等种种感情，似在生者和死者之间作无穷无尽的长谈。

知识拓展

　　南宋学者赵与时在《宾退录》中写道："读诸葛孔明《出师表》而不堕泪者，其人必不忠，读李令伯《陈情表》而不堕泪者，其人必不孝。读韩愈之《祭二十郎文》而不堕泪者，其人必不友。"

　　建议：你有没有特别怀念的亲人？如果有，请把你对他的思念写下来。

苛政和毒蛇哪个更"毒"？

《捕蛇者说》是柳宗元的散文名篇，写于他被贬到永州（湖南零陵）之时。在这之前，王叔文、柳宗元等人依靠唐顺宗的支持推动政治改革。可是，唐顺宗健康状况极差，中风，不能上朝，全靠宫女和宦官传旨。这就给了守旧势力以可乘之机。他们联合宦官，逼唐顺宗禅位于宪宗。宪宗登基后，守旧派得势，打击革新派，王叔文被贬官下放，后被赐死，柳宗元、刘禹锡等八名同党被贬为州司马，史称"八司马"事件。在唐朝，州司马是闲职虚衔，并无实权。

柳宗元先被贬为邵州司马，途中再贬为永州司马。永州在当时是相当偏僻落后的地区。在这个"烟瘴之地"，有一种黑底白花纹的毒蛇很有名，它毒性极大，接触到草木，草木会被毒死，咬了人更是无药可医。不过，将这种毒蛇做成药饵，就可以治愈麻风病、手足弯曲、恶疮等病症，还能杀死危害人体的各种寄生虫。太医以皇帝的命令征集这种蛇，招募捕蛇

苛政和毒蛇哪个更"毒"？

人，捕蛇人一年交两条毒蛇就可以免除一年的赋税。这么危险的工种，永州人却争着抢着去做。有一个姓蒋的捕蛇人，祖孙三代都靠捕蛇来免除赋税，他的祖父被毒蛇咬死了，父亲也被毒蛇咬死了，他还仍然坚持捕蛇，大有视死如归的劲头。这个人是傻吗？为什么明知道捕蛇有生命危险还要坚持去做？原因很简单，那就是"赋敛之毒有甚于蛇者乎"，赋税太重了，为了免除赋税，蒋氏宁愿冒着生命危险去捕蛇。

赋税为什么那么重？《捕蛇者说》中其实也有隐约的暗示。蒋氏自称："自吾氏三世居是乡，积于今六十岁矣，而乡邻之生日蹙"。这里说的"六十岁"，指的是唐玄宗天宝中期（746年—750年）到唐宪宗元和初期（805年—810年）这一段时间。熟悉唐朝历史的人就知道，在这段时间里，唐朝战争频繁，先后发生过安史之乱、对吐蕃的战争以及朱泚叛乱等，长期的战乱不仅破坏了正常的生产生活，而且使人口锐减，国家的财政收入也大受影响。为了支撑军费，朝廷便开始增设赋税，旧税加新税，使人民的负担日益加重。为了逃避沉重的赋税，很多百姓被迫逃往他乡，柳宗元所感慨的"赋敛之毒有甚于蛇者乎"，并非夸张，而是那个时期许多百姓生活的一种真实写照。

附：捕蛇者说

柳宗元

永州之野产异蛇，黑质而白章；触草木，尽死；以啮①人，无御之者。然得而腊②之以为饵，可以已③大风④、挛踠⑤、瘘、疠，去⑥死肌⑦，杀三虫⑧。其始，太医以王命聚之，岁赋其二，募有能捕之者，当其租入。永之人争奔走焉。

注释

①啮（niè）：咬。

②腊（xī）：干肉，这里作动词用，指把蛇肉晾干。饵：药饵。

③已：止，治愈。

④大风：麻风病。

⑤挛踠（luán wǎn）：手脚弯曲，不能伸展。

⑥去：去除。

⑦死肌：腐肉。

⑧三虫：道家将人的脑、胸、腹三部分叫"三尸"，说这三处有虫，人就要生病。这里的"三虫"，泛指人体内的寄生虫。

柳宗元的《捕蛇者说》脱胎于孔子"苛政猛于虎"的感慨，两者的批判锋芒均指向了统治阶层对百姓的横征暴敛。赋敛比毒蛇更"毒"是全篇的核心，文章先写永州之野的异蛇和异蛇之毒：永州的野外出产一种奇怪的蛇，它黑色的底子，白色的花纹，如果这种蛇接触到草木，草木全都会枯死；咬到人，没有能够抗得住的。这里的"质"指底子、质地。"章"

指花纹。毒蛇的毒性如此剧烈，应该是人见人畏，大家都躲得远远的才是。可是毒蛇又具有极高的药用价值，捉到它杀死风干，做成药物，可以治愈麻风、风湿性关节炎、颈部脓肿、毒疮，除去坏死的肌肉，杀死危害人体的寄生虫。于是，太医最初奉皇帝的命令征集这种毒蛇，每年征收两次。招募能捕这种蛇的人，可以用蛇充抵他应交纳的税。这样一来，永州之人竟然不顾毒蛇，争先恐后地去干这件差事。

> 有蒋氏者，专其利三世矣。问之，则曰："吾祖死于是，吾父死于是。今吾嗣为之十二年，几死者数矣。"言之，貌若甚戚者。

这一段是写蒋氏一家的故事。有一个姓蒋的，享有捕蛇免租的好处已经有三代了。这里的"专"指独占。"其利"在这里指捕蛇而不纳税的好处。问起这件事，他说："我祖父死在捕蛇这差事上，我父亲死在捕蛇这差事上，如今我继承祖业干这差事已经十二年，有好几次也差点被蛇咬死。"说完，脸上露出很悲伤的神色。

> 余悲之，且曰："若毒之乎？余将告于莅事者，更若役，复若赋，则何如？"

文章在这里地方出现了转折，作者写道，我很同情他，就说："你怨恨这差事吗？我准备去告诉掌管这事的官吏，让他更换你的差事，恢复你的赋税，你看怎么样？""若毒之乎？"这里的"若"是"你"的意思，"毒"是怨恨的意思，"之"代指以捕蛇抵赋税这件事。"莅事者"指管理事务的人。

蒋氏大戚，汪然出涕曰："君将哀而生之乎？则吾斯役之不幸，未若复吾赋不幸之甚也。向吾不为斯役，则久已病矣。自吾氏三世居是乡，积于今六十岁矣，而乡邻之生日蹙[1]。殚[2]其地之出，竭其庐之入，号呼而转徙，饥渴而顿踣[3]，触风雨，犯寒暑，呼嘘毒疠，往往而死者相藉[4]也。曩[5]与吾祖居者，今其室十无一焉，与吾父居者，今其室十无二三焉，与吾居十二年者，今其室十无四五焉，非死则徙尔，而吾以捕蛇独存。

注释

①蹙（cù）：困苦，急促。

②殚（dān）：尽。

③顿踣（bó）：由于困苦劳累而倒毙。

④相藉（jiè）：一个压着一个，形容很多。

⑤曩（nǎng）：从前。

作者向这个姓蒋的人建议，更换他捕蛇的差役、恢复他的赋税，这本是好心。可是，他一听更加伤心了，眼泪汪汪地说出了一番话。他说的是什么呢？您是哀怜我，想让我活下去吗？然而我这差事的不幸，远比不上恢复我纳税的痛苦那样厉害呀。这是一个结论，意思是您光看着我捕蛇很苦，可是，如果我不捕蛇，而是像常人一样交纳赋税，那更苦。假使当初我不干这捕蛇的差事，那早就困苦不堪了。下面就通过诉说自己的家世来说明了。自从我家三代住在此地以来，算到现在已经六十年了，可乡邻们的生活却一天比一天困苦。困苦到什么程度呢？他们拿出地里的全部出产，交出家里的一切收入，哭哭啼啼地背井离乡，因饥渴劳累而倒毙在地上；他们一路上被风吹雨淋，冒严寒酷暑，呼吸毒雾瘴气，常常因此死掉的人横七竖八地躺在路边。光描述不够，下面用数字说话了，从前和我祖

苛政和毒蛇哪个更"毒"？

父同居一村的人，现在十家中剩下的不到一家了；和我父亲同居一村的人，现在十家中剩下的不到两三家了；和我一起住了十二年的，如今十家中剩下的也不到四五家了。那些人不是死了，就是搬走了。而我却因为捕蛇这差事才幸存下来。这么一对比，不正说明捕蛇不还比交纳赋税好一点吗？

悍吏之来吾乡，叫嚣①乎东西，隳突乎南北②，哗然而骇者，虽鸡狗不得宁焉。吾恂恂而起，视其缶③，而吾蛇尚存，则弛然而卧。谨食之④，时而献焉。退而甘食其土之有，以尽吾齿。盖一岁之犯死者二焉，其余则熙熙而乐，岂若吾乡邻之旦旦有是哉！今虽死乎此，比吾乡邻之死则已后矣，又安敢毒耶？"

注释

①嚣（xiāo）：叫喊。

②隳（huī）突：骚扰。

③缶（fǒu）：瓦罐。

④食（sì）：喂养。谨食之，小心地喂养蛇。

接下来讲述的是捕蛇者和相邻的人生活对比。那凶狠的差役来到我们村里时，到处吵闹，到处骚扰，吓得人们乱喊乱叫，连鸡狗也不得安宁。我小心翼翼地起来，看看那贮蛇的瓦罐子，见我捕的蛇还在里面，就放心倒头大睡。平时我小心地喂养捕获的毒蛇，到规定交纳的时间就去交上去。回家后就怡然自得地享用自己田地里出产的东西，这样来安度天年。我一年之中冒生命危险的时机只有两次，其他时候都过着心情舒畅的生活，哪会像我的乡邻们那样天天担惊受怕呢！我现在即使就死在捕蛇这件事上，比起我乡邻们的死亡，那已经晚得多了，又怎么敢怨恨呢？这里的"毒"还是怨恨的意思。在蒋氏看来，捕蛇虽极危险，但一年只有两次，还可以有幸活下来，而赋敛则需"殚其地之出，竭其庐之入"，被悍吏严加催逼，叫嚣斥骂，家破人亡。正因为如此，一生一死，一徙一留，两相比照，赋敛与捕蛇哪个更毒一目了然。

> 余闻而愈悲。孔子曰："苛政猛于虎也。"吾尝疑乎是，今以蒋氏观之，犹信。呜呼！孰知赋敛之毒有甚是蛇者乎？故为之说，以俟夫观人风者得焉。

最后一段是作者的感慨，我听了蒋氏的这番话之后，更加难过。孔子曾经说过："严苛的政治比老虎更加凶恶啊。"我曾经怀疑这句话。现在从蒋氏所谈的情况来看，这话是可信的呀。唉，谁知道横征暴敛对百姓的毒害比毒蛇更厉害呢！所以我才写了这篇文章，留待那些考察民情风俗的官吏对此有所了解。这里的"人风"就是指民风。唐代为了避李世民的讳，用"人"字代"民"字。文章至此，几经抑扬腾挪，层层推进，其势已蓄足，于是文末借孔子之语引出"孰知赋敛之毒，有甚是蛇者乎"的结论。

解析

《捕蛇者说》以独特的写法，深刻地揭露了封建统治下赋税的苛酷，揭示了广大人民遭受的苦难不幸，表现了作者对劳苦大众的深切同情，对残暴统治的强烈愤恨。

知识拓展

孔子曰："苛政猛于虎也。"反映了人民民不聊生的根源。

《捕蛇者说》是一篇著名的古文佳作，从其构思、立意来看，直接受到了《礼记·檀弓》所记孔子言论的影响。《檀弓》篇载——

孔子过泰山侧，有妇人哭于墓者而哀。夫子式而听之。使子路问之，曰："子之哭也，壹似重有忧者。"而曰："然。昔者吾舅死于虎，吾夫又死焉，今吾子又死焉！"夫子曰："何为不去也？"曰："无苛政。"夫子曰："小子识之，苛政猛于虎也。"

这段话的大意是，孔子路过泰山脚下，看到一个妇人在墓前哭得很悲伤。孔子扶着车前的横木听妇人的哭声，让子路前去问那个妇人："您哭得这么悲伤，实在像连着有了几件伤心事似的。"（妇人）就说："没错，之前我的公公被老虎咬死了，后来我的丈夫又被老虎咬死了，现在我的儿子也死在了老虎口中！"孔子问："那为什么不离开这里呢？"（妇人）回答说："（这里）没有沉重的税赋和严苛的政令。"孔子听后感慨地说："你们都记住啦！繁重的徭役和赋税比老虎还要凶猛啊！"

建议：你还知道历史上的哪些苛政？试着把这些故事讲给朋友们听一听。

朋友发达了怎么办？

当你年龄比较小的时候，你会觉得同学关系很纯粹，但随着大家走进社会，这种关系会发生着各种微妙的变化。同学中若是有人"发达"了，大家会有什么反应？高兴？羡慕？还是嫉妒？你会去求这个昔日的同学帮忙吗？如果这个"发达"了的同学要提携你，你又会如何选择？

这些问题没有一个标准的答案。不过，历史上发生过类似的事件可以给我们提供参考，严光和刘秀的故事便是其中一件。

严光，字子陵，他和刘秀是同学，两人在少年时代结下了深厚的友谊。后来，天下大乱，严光就回到余姚隐居起来，而刘秀则投身于征战之中，后来统一天下，做了皇帝，是为东汉开国皇帝光武帝。

当上皇帝之后，刘秀仍不忘当年的老朋友，派人四处寻访严光。有人回来报告说看见一个人反穿皮袄在泽中钓鱼，长相很像严光。刘秀遂派使者请严光入朝为官，但使者三次去请都遭到拒绝。刘秀只得亲自出马。刘秀找到严光，对昔日的老朋友说："你这个怪人，难道不肯助我治理天下吗?"

严光翻身坐起，答道："从前尧帝那样有德有能，也还有巢父那样的隐士不愿出去做官，读书人有自己的志趣，你何必一定要逼我进入仕途呢?"

刘秀并不死心，仍然邀请严光跟他到京城去叙旧。刘秀向他请教治国之道。严光滔滔不绝，口若悬河。两人一直谈到深夜，刘秀留严光同床睡觉。严光也不推辞，躺在床上，叉开双腿，沉沉入睡。睡到半夜，竟把一条腿搁到刘秀身上。次日，太史奏报："臣昨夜仰观天象，发现有客星冲犯帝座甚急，恐怕于万岁不利，特进宫面禀"。光武帝沉思片刻，忽而恍然大悟，哈哈大笑道："哪里是什么客星冲犯帝座，是朕与好友严子陵同床而眠，他的一条腿搁到朕身上了。"

刘秀十分钦佩严光的人品才学，要他担任谏议大夫，但严光还是拒绝接受，坚持回家乡余姚隐居。后人把他钓鱼的地方称之为"子陵滩"。

东汉光武帝刘秀和著名隐士严光的故事大致就是这样。这段历史佳话代代相传，传到宋朝，大文人范仲淹有感而发，写下了一篇著名的文章《严先生祠堂记》。文章对这段帝王与隐士的故事做出了极高的评价，他说："当刘秀当上皇帝后，谁还能影响他的人生高度呢？只有严光先生能以节操进一步帮助刘秀提升境界。而对严光而言，当他把官位看得跟泥巴一样的时候，天下又有谁能在德行上对他有所帮助呢？只有光武帝刘秀能用故人的礼节来尊重他，从而使他的美名传遍天下。"因此，两个人可以说是相得益彰。

在文章的最后，范仲淹对严光的推崇之情更是溢于言表，写道："云山苍苍，江水泱泱；先生之风，山高水长。"

附：严先生祠堂记

范仲淹

先生①，汉光武之故人也，相尚以道。及帝握《赤符》②，乘六龙，得圣人之时，臣妾亿兆，天下孰加焉？惟先生以节高之。既而动星象，归江湖，得圣人之清。泥涂轩冕，天下孰加焉？惟光武以礼下之。

注释

①先生：指严光。

②《赤符》：《赤伏符》新莽末年谶纬宗所造符箓，谓刘秀应天命，当继汉统为帝。后亦泛指帝王受命的符瑞。

严光是光武帝的老朋友，他们之间以道义互相推崇。这句话是文章的核心，后面的论述都是围绕着这句话展开的。这里的"先生"指的是严光。皇帝指的是光武帝刘秀。后来光武帝（刘秀）得到预言天命所归的《赤伏符》，乘驾着六龙的阳气，获得了登极称帝的时机。统治着千千万万的人民，天下有谁能比得上呢？只有严先生能够以节操方面来尊崇他。这里的"握《赤符》"，指刘秀称帝之前，长安同舍儒生强华从关中奉赤符奏上，刘秀就此称帝。"六龙"，古代皇帝乘坐六匹马驾的车，因此以"六龙"代指天子车驾。"臣妾亿兆"，意思是统治天下成千上万的民众。后来严先生与光武帝同床而卧触动了天上的星象，又归隐江湖，回到富春江畔隐居，清操自守，把富贵看得像泥土一样，天下又有谁能胜过他呢？

只有光武帝能够用礼节对待他。这里的"动星象",说的是光武帝刘秀曾与严光同寝,严光把脚放在刘秀的肚子上。次日,太史奏客星犯帝座甚急,刘秀笑曰:"我不过与故人严子陵同卧而已。""归江湖",指的是刘秀任严光为谏议大夫,严光不受,隐居富春山。"泥涂轩冕"的意思是,把轩冕看得跟泥巴一样。"轩冕",显贵的官服和官帽。

> 在《蛊》之上九,众方有为,而独"不事王侯,高尚其事",先生以之。在《屯》之初九,阳德方亨,而能"以贵下贱,大得民也",光武以之。盖先生之心,出乎日月之上;光武之量,包乎天地之外。微先生,不能成光武之大,微光武,岂能遂先生之高哉?而使贪夫廉,懦夫立,是大有功于名教也。

在《蛊》卦的"上九"爻(yáo)辞中说,"大家正当有为的时候,只有我不去侍奉王侯,保持自己品德的高尚。"严先生就是这样做的。在《屯》卦"初九"爻辞中说,阳气(帝德)正开始亨通,因而能够显示"以高贵的身份交结卑贱的人,深得民心。"光武帝正是这样做的。这里的"蛊""屯"都是《易经》里的两个卦名。可以说严先生的品质,比日月还高;光武帝的气量比天地还广阔。如果不是严先生就不能成就光武帝的气量的宏大;如果不是光武帝,又怎能促成严先生品质的崇高呢?先生的作为使贪婪的人清廉起来,胆怯的人勇敢起来,这对维护礼仪教化确实是很有功劳的。

> 仲淹来守是邦,始构堂而奠焉,乃复为其后者四家,以奉祠事。又从而歌曰:"云山苍苍,江水泱泱,先生之风,山高水长!"

朋友发达了怎么办？

我到这个州任职后，开始建造祠堂来祭奠先生，又免除了先生四家后裔的徭役，让他们负责祭祀的事情。我又作了一首歌来歌颂严光先生，歌词是这样的："云雾缭绕的高山，郁郁苍苍，江水浩浩荡荡。先生的品德啊，像高山一样高，像江水一样长。"最后一段交代了写作这篇文章的缘由。

解析

读《严先生祠堂记》，有人可能会有这样的疑问：范仲淹是一位典型的儒家士大夫，他为何如此推崇隐士严光？隐士们多是道家信徒，他们隐居山林，不问世事，凭什么能得到这么高的评价？他们担得起吗？这就涉及中国古代的隐逸文化了。

隐逸文化一直是中国传统文化中很重要的构成部分，人们熟知的"达则兼济天下，穷则独善其身"，其中，"穷则独善其身"的部分就可称之为隐逸文化的思想精髓。

在中国古代，不少伟大的思想家、诗人、艺术家，同时也就是他们那个时代的隐士。隐士有一个共同的特点：他们都把追求高尚的道德修养看得比升官发财重要得多。这种节操可以说是隐士们赢得世人尊重的最重要原因。刘秀尊重不肯合作的老朋友严光是出于这个原因，范仲淹向远隔千年的严光先生致敬也是因为这个原因。

中国人尊重圣贤，那么，圣贤的道德标准是什么呢？孟子给出的标准是："行一不义、杀一无辜而得天下，皆不为也。"这个标准很高，若严格用这个标准评价，历史上很多明君贤相都不达标。而能够符合这条道德底线的，恰恰是一些隐士。他们清心寡欲，远离喧嚣的红尘，视世间名利如粪土，绝不会为了满足自己的私欲而伤害他人和社会。正因如此，那些想着实现"王道"、念念不忘"安天下"的"入世"的儒家知识分子，往往也要抬出"出世"的隐士来做教化民众的"道德楷模"。严光之前的伯夷叔齐，严光之后的陶渊明，以及其他许许多多的隐士都成了人格高洁的代名词。他们虽然没有干出过什么惊天动地的大事业，但他们那种甘于淡泊、不为荣华富贵所污染的心灵就足以让他们名垂青史，亦足以让人发出"先生之风，山高水长"的赞叹。

知识拓展

　　《严先生祠堂记》的作者是北宋政治家范仲淹，这是作者被贬居睦州之时创作的一篇散文。

　　范仲淹文武兼备、智谋过人，他倡导的"先天下之忧而忧，后天下之乐而乐"思想，对后世影响深远。

　　建议：背下一首范仲淹的诗或词。

贤人忧乐关天下

有些建筑物之所以在历史上大名鼎鼎，不是因为它的建筑材料多么坚固，而是因为它与著名的诗文紧密相关。比如岳阳楼、鹳雀楼、黄鹤楼、滕王阁等，提到岳阳楼，人们就会想到范仲淹先生的《岳阳楼记》以及那句："先天下之忧而忧，后天下之乐而乐。"

岳阳楼并不是范仲淹修建的，也不是他重修的，但岳阳楼确实是因为范仲淹的文章才声名远播的。

在历代修缮岳阳楼的人中，最有名的大概就是滕宗谅了，这也是因为范仲淹在《岳阳楼记》中提到了他。

滕宗谅，字子京，与范仲淹是同科进士，两人也是好朋友。庆历三年（公元1043年）九月，就在范仲淹向宋仁宗提倡改革措施、启动"庆历新政"之际，滕宗谅被人揭发"枉费公用钱十六万缗"。在中央，监察御史梁坚"亦劾奏之"。宋仁宗虽觉得此事有点小题大做，但还是派工作组去调查此事。滕宗谅怕连累他人，把相关记录文件给烧毁了，这下就更说不清道不明了。最后，滕宗谅在庆历四年正月受处分被降级为虢州知州，很快，又改为岳州知州。

到了岳州一年之后，滕宗谅重修了岳阳楼。岳阳楼建于唐代初年，唐玄宗时的中书令张说曾任岳州刺史，期间常常与文人雅士登临此楼，吟诗作赋。滕宗谅让人画了一张岳阳楼的新图，派人送给好朋友范仲淹，并请范仲淹为重修的岳阳楼写一篇记。

看到好友重修的岳阳楼图纸，再联想政坛上的人事纠纷，范仲淹思绪驰骋。北宋到了庆历年间，在经济增长的同时，很多社会矛盾也充分地暴露了出来，比如贫富差距拉大、官僚体系臃肿、军备废弛、土地兼并加速等。鉴于此，范仲淹、富弼等人向朝廷提出改革建议。宋仁宗也有意改革，遂于庆历三年八月提拔范仲淹为参知政事（相当于副宰相），并召见范仲淹、富弼，责令二人提出详细改革措施。这年九月，范仲淹上疏提出了十项改革主张，宋仁宗大都予以采纳，并渐次颁布实施，颁发全国。这就是所谓的"庆历新政"。

"庆历新政"的内容包括罢黜冗员、澄清吏治、减轻徭役、加强武备等多项富国强兵的措施，这些措施实施一年后，就遭到了保守势力的攻击，他们指责范仲淹、富弼等革新派借改革之际结党营私、把持朝政，甚至图谋废掉皇帝。宋仁宗此时对关于革新派结"朋党"的议论也开始产生怀疑。当此之际，西夏与宋的边境再次发生冲突，范仲淹为避嫌请求外出巡守，宋仁宗任命他为陕西、河东宣抚使，仍保有参知政事的头衔。随后，富弼亦以枢密副使离京，出为河北宣抚使。革新派被排挤出中央之后，庆历新政的各项措施随之被废止。保守派上台之后，革新派人物纷纷遭贬，范仲淹本人亦被贬到邓州（今河南邓县）、杭州等地，《岳阳楼记》

贤人忧乐关天下

一文就是范仲淹被贬，出京赴邓州的路上，于驿馆中写下的。

在仕途不顺之际，范仲淹非但不气馁，还想到"先天下之忧而忧，后天下之乐而乐"，这么高的思想境界，真是令人钦佩。

附：岳阳楼记

范仲淹

庆历四年春，滕子京谪守巴陵郡。越明年，政通人和，百废具兴。乃重修岳阳楼，增其旧制，刻唐贤今人诗赋于其上。属①予作文以记之。

注释

①属（zhǔ）：通"嘱"，嘱托、嘱咐。

庆历四年的春天，滕子京被降职到岳州做太守。"庆历"是宋仁宗当政时的年号，庆历四年指公元 1044 年。"谪守"，指被贬官。滕子京因被人诬告"枉费公用钱"而被贬为岳州知州。巴陵郡，即岳州，治所在今湖南岳阳。"守巴陵郡"就是"守岳州"。到了第二年，政务顺利，百姓和乐，各种荒废了的事业都兴办起来了。于是重新修建岳阳楼，扩展它原有的规模，把唐代贤士和当代名人的诗赋刻在上面，他嘱咐我写一篇文章来记述这件事。

予观夫巴陵胜状，在洞庭一湖。衔远山，吞长江，浩浩汤汤①，横无际涯；朝晖夕阴，气象万千。此则岳阳楼之大观也，前人之述备矣。然则北通巫峡，南极潇湘，迁客骚人，多会于此，览物之情，得无异乎？

注释

①浩浩汤汤（shāng）：水波浩荡的样子。汤汤，水流大而急。

贤人忧乐关天下

我看那巴陵郡的美景，全在洞庭湖上。衔接远方的山脉，吞吐着长江的流水，流水浩浩荡荡，宽阔无边。清晨湖面上洒满阳光、傍晚又是一片阴暗，景物的变化无穷无尽。这就是岳阳楼雄伟壮丽的景象，前人对这些景象的记述已经很详尽了。岳阳楼北面通向巫峡，南面直到潇水、湘江，被贬谪流迁的官员和来往的诗人，大多在这里聚会，观赏这里的自然景物而触发的感情，大概会有所不同吧？"迁客"，指降职远调的人。"骚人"诗人。战国时屈原作《离骚》，因此后人也称诗人为骚人。

> 若夫淫雨霏霏，连月不开，阴风怒号，浊浪排空；日星隐曜，山岳潜形；商旅不行，樯倾楫摧①；薄暮冥冥，虎啸猿啼。登斯楼也，则有去国怀乡，忧谗畏讥，满目萧然，感极而悲者矣。
>
> **注 释**
> ①樯（qiáng）倾楫（jí）摧：桅杆倒下，船桨折断。樯，桅杆。楫，船桨。倾，倒下。摧，折断。

若是连绵细雨，整月不放晴的时候，阴冷的风怒吼着，浑浊的波浪冲向天空；"若夫"，用在一段话的开头以引起下文。下文的"至若"，作用同此。"淫雨"，连绵不断的雨。霏霏，雨雪繁密的样子。日月星辰隐藏起光辉，山岳也隐没了形体；商人和旅客无法通行，桅杆倒下，船桨折断；傍晚时分天色昏暗，只听到老虎的吼叫和猿猴的悲啼。这时登上岳阳楼，就会产生离开国都、怀念家乡，担心毁谤、惧怕讥讽的心情，再抬眼望去尽是萧条冷落的景象，一定会感慨万千而十分悲伤了。

至若春和景明，波澜不惊，上下天光，一碧万顷；沙鸥翔集，锦鳞游泳；岸芷汀兰①，郁郁青青。而或长烟一空，皓月千里，浮光跃金，静影沉璧，渔歌互答，此乐何极！登斯楼也，则有心旷神怡，宠辱偕忘，把酒临风，其喜洋洋者矣。

注释

①岸芷（zhǐ）汀（tīng）兰：岸上的小草，小洲上的兰花。芷，香草的一种。汀，小洲，水边平地。

如果到了春天，春风和煦、阳光明媚时，湖面波平浪静，天色与湖光相接，一片碧绿，广阔无际；"春和景明"，"春和"指春风和煦。"景明"，指阳光明媚。沙洲上成群的白鸥，时而飞翔，时而停歇，美丽的鱼儿游来游去；岸上的小草，小洲上的兰花，香气浓郁，颜色青翠。有时湖面上的大片烟雾完全消散，皎洁的月光一泻千里，有时湖面上微波荡漾，浮动的月光闪着金色；有时湖面波澜不起，静静的月影像沉在水中的玉璧。渔夫的歌声响起了，一唱一和，这种乐趣真是无穷无尽！这时登上岳阳楼，就会感到胸怀开阔，精神愉快，光荣和屈辱一并忘了，在清风吹拂中端起酒杯痛饮，那心情真是快乐、高兴极了。"宠辱偕忘"，荣耀和屈辱一并都忘了。宠，荣耀。辱，屈辱。偕，一起，一作"皆"。

嗟夫①！予尝求古仁人之心，或异二者之为。何哉？不以物喜，不以己悲；居庙堂之高则忧其民；处江湖之远则忧其君。是进亦忧，退亦忧。然则何时而乐耶？其必曰："先天下之忧而忧，后天下之乐而乐"乎。噫！微斯人，吾谁与归？

注释

①嗟（jiē）夫：唉。嗟夫为两个词，皆为语气词。

贤人忧乐关天下

唉！我曾经探求古时品德高尚的人的心境，他们或许不同于以上两种心情。为什么呢？"尝求"就是曾经探求的意思。"古仁人"，指古时品德高尚的人。古时品德高尚的人不因外物好坏和自己得失而或喜或悲。他们在朝廷做官就为百姓忧虑；不在朝廷做官而处在僻远的江湖间就为国君忧虑。"居庙堂之高则忧其民"，指在朝中做官就担忧百姓。"居庙堂之高"，处在高高的庙堂上，意为在朝中做官。"庙"，宗庙。"堂"，殿堂。庙堂：指朝廷。"处江湖之远则忧其君"，处在僻远的地方做官就为君主担忧。"处江湖之远"：处在偏远的江湖间，意思是不在朝廷上做官。这样他们进入朝廷做官也忧虑，退处江湖也忧虑。那么他们什么时候才快乐呢？他们一定会说"在天下人忧愁之前先忧愁，在天下人快乐以后才快乐"吧？唉！如果没有这种人，我同谁一道呢？"微斯人，吾谁与归"，这里的"微"意思是"（如果）没有"。"斯人"，指前文的所说的"古仁人"。"吾谁与归"，就是"我与谁归"的倒装。

解析

岳阳楼面临洞庭湖，处在南北交通的要道上。关于岳阳楼的雄伟景观，前人已经写过很多诗文，范仲淹在《岳阳楼记》中，巧妙地避开了楼本身，而着力描写在楼上看到的洞庭湖上的风景。洞庭湖的风景是变化的，在"淫雨霏霏"之际和"春和景明"之时截然不同，"迁客骚人"在岳阳楼上目睹洞庭湖上的不同风景，自然会生发出或悲或喜的不同情感。最后，范仲淹提出要"不以物喜，不以己悲"，超越个人荣辱得失，要"先天下之忧而忧，后天下之乐而乐"。如此一来，文章的主题升华了，格局开阔了，境界也随之深邃高远了。

知识拓展

　　建议：岳阳楼是中国历史上的四大名楼之一，另外的三座分别是滕王阁、黄鹤楼、鹳雀楼。这四大名楼之所以出名，就是因为有脍炙人口的诗文为其"代言"。滕王阁因王勃的《滕王阁序》而家喻户晓，黄鹤楼因崔颢的《黄鹤楼》诗而声名远播，鹳雀楼因王之涣《登鹳雀楼》诗而青史留名，岳阳楼也因范仲淹的这篇《岳阳楼记》而闻名天下。请把这些诗文凑在一起，做一次主题阅读。

如何看待"衣锦还乡"？

　　你是不是觉得"昼锦堂"这个名字有点怪？"昼"是指白天，"锦"指的是漂亮衣服，"堂"是一处住所，三个字合在一起就是：白天穿上漂亮衣服的住所。这是什么意思？

　　其实，"昼锦堂"的取名跟一个成语典故有关，这个成语叫"衣锦夜行"。当年，项羽率军占领了咸阳，放火烧了秦朝的宫殿，然后劫掠了一些财宝就往老家彭城（今天江苏徐州）赶，有人劝他说，关中这块地方，土地肥沃，又有山河为屏障，是建都的好地方。你不要回家，就在关中称霸多好！

　　可项羽却说："富贵不还乡，如衣锦夜行，谁知之者？"意思是说，富贵了却不回老家去显摆显摆，那就相当于穿了漂亮的衣服在黑夜里走路，谁知道你穿了好衣服呢？

　　北宋高官韩琦从项羽不肯"衣锦夜行"这里受到启发，遂将自己在家乡建的住所叫"昼锦堂"，意思是自己回到家乡做官，相当于大白天穿着漂亮的衣服走路，路人都看见了，自己就不要再骄傲了，要深以为戒。

　　韩琦是相州人，相州就是今天的河南安阳。韩琦弱冠之年考中进士，在担任谏官之时就敢于直言进谏。后来，他与范仲淹一起经略西北，史称"韩、范"。当时的边塞上传诵着这样的歌谣："军中有一韩，西夏闻之心骨寒；军中有一范，西夏闻之惊破胆。"

　　北宋与西夏议和后，韩琦入朝为执政大臣，与范仲淹、富弼等人一起成为主持"庆历新政"的重要改革派人物。北宋至和年间，韩琦"归判"相州。按照唐宋两朝的官制，以高官兼较低职位的官称为"判"，"归判"即被"判"到自己的家乡为官，这被视为是一种特殊的荣耀——因为它可以很好地满足一般人所谓的衣锦还乡的心理。就是在这时，韩琦建了昼锦堂，以提醒自己不要堕入普通人"衣锦还乡"的庸俗思想之中，而要不断地提升自己的思想境界，以服务苍生和社稷为己任。至和之后，韩琦又得到了两次"归判"的殊遇，这在常人看来简直是莫大的荣耀了，可是韩琦"不以昔人所夸者为荣，而以为戒"，因此，三次"归判"之荣在他看来不过是"浮云"而已。欧阳修所写《相州昼锦堂记》一文，主旨就是颂扬韩琦的这种思想境界。

　　欧阳修在这篇文章中说，做官做到将相，富贵之后返回故乡，这从人情上说是光荣的，从古到今都是这样的。士人在仕途不通的时候，困居乡里，就是那些平庸之辈甚至小孩，都能够轻视欺侮他。就像苏秦当初不被他的嫂子礼遇，朱买臣被他的妻子嫌弃一样。可是一旦发迹之后，坐上四匹马拉的高大车子，有旗帜在前面导引，有骑兵在后面簇拥。街道两旁的人们，并肩接踵，一边瞻望一边称羡。而从前那些庸夫愚妇，则恐惧奔跑，汗水淋漓，羞愧地跪在地上，面对车轮马蹄扬起的灰尘，十分后悔，暗自认罪。这些人发迹后得意扬扬的表现，就像是穿着锦绣服装回到故乡那样感到荣耀。

随后，欧阳修笔锋一转，引出了韩琦。他说，可是大丞相魏国公韩琦却不这样。韩琦是相州人，他的先祖世代有美德，都是当时有名的大官。韩琦本人年轻时就考中进士，当了大官。因此，对韩琦来说，所谓出将入相，富贵荣耀这些他很早就得到了，而不像曾经有过困厄经历的人那样，是靠时来运转才发迹的。

更难得的是，再高大的旗帜，也不足以显示韩琦的光荣；再高的官位，也不足以显示他的富贵。

那么，韩琦的荣耀和富贵要靠什么才能显示出来呢？欧阳修说："只有用恩德施于百姓，而功勋延及国家，把这些镌刻在金石上，并用诗文传播到四面八方，使他的好名声传于后世而无穷无尽，这才是魏国公韩琦的大志所在，士人对他的希望也是如此。"

与这样的大志向、大气魄相比，普通人那些夸耀于一时、荣耀于一乡的"衣锦还乡"岂不是太狭隘、太小儿科了？

最后，欧阳修才交代写《相州昼锦堂记》一文的缘由。宋至和年间（公元 1054—1056 年），魏国公韩琦以武康节度使的身份兼任相州地方官，在官府的后园建造了一座"昼锦堂"，并在院内的石碑上刻诗。诗中认为，过去像苏秦、朱买臣等人那样，以计较恩仇为快事、把衣锦还乡视为荣耀的做法是可耻的。所以，韩琦"不以昔人所夸者为荣，而以为戒"，即他不把前人所夸耀的"衣锦还乡"当作光荣，却以此为警戒。所以欧阳修才感慨说："于此见公之视富贵为何如，而其志岂易量哉？"从这里可以看出魏国公韩琦是怎样来看待富贵的，而他的志向又哪里是平庸之人能轻易估量的呢？把韩琦的丰功伟绩铭刻在钟鼎之上，谱写在诗歌之中，这是国家的光荣，哪里又仅仅是相州一地的光荣啊。

　　欧阳修的这篇文章构思新颖，写法别致，他以苏秦、朱买臣等几个人衣锦还乡的典故做衬托，极力赞叹韩琦超高的人生境界和高尚的思想情操。欧阳修的文章堪称优秀散文之典范，而韩琦的人生境界亦堪称世人之楷模，文因人而成就佳作，人因文而美名远播，二者诚可谓珠联璧合、相得益彰。

如何看待"衣锦还乡"？

附：相州昼锦堂记

欧阳修

仕宦而至将相，富贵而归故乡，此人情之所荣，而今昔之所同也。盖士方穷时，困厄闾里①，庸人孺子，皆得易而侮之。若季子不礼于其嫂，买臣见弃于其妻。一旦高车驷马，旗旄②导前，而骑卒拥后，夹道之人，相与骈肩累迹③，瞻望咨嗟④；而所谓庸夫愚妇者，奔走骇汗，羞愧俯伏，以自悔罪于车尘马足之间。此一介之士，得志于当时，而意气之盛，昔人比之衣锦之荣者也。

注释

①困厄（è）闾（lǘ）里：困厄，困苦；闾里，乡里。"困厄闾里"，指在家乡过着困苦的日子。

②旗旄（máo）：古时旗杆顶头用旄牛尾作为装饰的旗。

③骈（pián）肩累迹：骈肩，肩挨着肩，形容人多。累迹，足迹重叠，也是形容人多。

④咨嗟（zījiē）：赞叹。

做官做到将相，富贵之后返回老家，这从人情上说是非常荣耀的事，也是古今都公认的。一般当读书人穷困时，在乡里过着贫苦日子，平庸之辈和小孩都可轻视甚至侮辱他。就像苏秦不被嫂子以礼相待，朱买臣被妻子嫌弃一样。这里作者引用了两个典故。一个是苏秦，一个是朱买臣。"季子"，指的就是苏秦。苏秦最初用连横的主张游说秦惠王，没成功。回家之后，"妻不下纴，嫂不为炊，父母不与言"，家人都嫌弃他。后来他以合纵主张游说诸侯成功，挂六国相印，途经家乡之际，"妻侧目而视，侧耳而听，嫂蛇行匍伏，四拜自跪而谢"，家人对他的态度也大翻转了。这里所说的"买臣"指朱买臣。他是西汉人，发迹前，家境贫穷，妻子不堪忍受，改嫁了。后来，朱卖臣做了大官，他妻子要求复婚。朱买臣便叫人端一盆水泼在地上，说若能把倒在地上的水收起来，就可复婚，这便是"覆水难收"一词的来历。一旦坐上豪华的车子，旗帜在前开道，又有骑兵卫队拥簇着，在街边观看的人，挤在一起肩并肩脚挨脚的，一边仰望一边赞叹；而那些庸夫愚妇，又跑又窜又惊又慌，汗水都出来了，甚至惭愧得低头弯腰，跪在车轮辗起的灰尘和马蹄子中间，向新贵人悔过请罪。这就是一个普通士子，成功得志时，那意气的旺盛，以前的人们就将他比作穿着锦绣衣裳的荣耀。

> 惟大丞相魏国公则不然。公，相人也，世有令德，为时名卿。自公少时，已擢高科①，登显仕。海内之士，闻下风而望余光者，盖亦有年矣。所谓将相而富贵，皆公所宜素有，非如穷厄之人，侥幸得志于一时，出于庸夫愚妇之不意，以惊骇而夸耀之也。然则高牙大纛②，不足为公荣；桓圭③衮冕④，不足为公贵。惟德被生民，而功施社稷，勒之金石，播之声诗，以耀后世而垂无穷，此公之志，而士亦以此望于公也。岂止夸一时而荣一乡哉？

注释

①已擢（zhuó）高科：已经在科场中高中了。擢，登、及第之意。

②大纛（dào）：古代仪仗队的大旗。

③桓（huán）圭：古代三公所执玉圭。

④衮（gǔn）冕：帝王和三公礼服。

如何看待"衣锦还乡"？

只有大丞相魏国公不这样。这里的"魏国公"指韩琦，魏国公是他的封号。魏国公，相州人，先祖世代都有美好的德行，都是有名的高官。魏国公从年轻时就考取科举高榜，登上显要的位置。天下的读书人，闻风下拜，希望瞻仰他的风采，已经很多年了。所谓出将入相，得富贵，都是魏国公早就有的，不像那穷困的人，一时侥幸得志，出乎庸男和愚妇的意料而使他们惊异，为了使他们害怕而夸耀自己。既然这样，那么仪仗大旗，足以显示魏国公的光荣；桓圭和礼服，不足为魏国公的显贵。只有恩德遍及百姓，功勋建于国家，事迹刻入钟鼎碑石，传播在声乐和文章里，光耀后世，永世不朽，才是魏国公的大志所在，士人们也是在这点上寄希望于魏国公啊。哪里只是为了炫耀一时，荣耀一乡呢？

公在至和中，尝以武康之节，来治于相，乃作"昼锦"之堂于后圃^①。既又刻诗于石，以遗相人。其言以快恩仇、矜名誉为可薄，盖不以昔人所夸者为荣，而以为戒。于此见公之视富贵为何如，而其志岂易量哉！故能出入将相，勤劳王家，而夷险一节。至于临大事，决大议，垂绅正笏^②，不动声色，而措天下于泰山之安，可谓社稷之臣矣！其丰功盛烈，所以铭彝鼎而被弦歌者，乃邦家之光，非闾里之荣也。

注释

①圃（pǔ）：园地。

②笏（hù）：古代大臣朝见皇帝时手里拿着以玉、象牙或竹片制成的狭长板子，用来指画或计事，这就叫笏。

魏国公在仁宗至和年间，曾以武康节度使身份，管理相州，就在后园建了一座"昼锦堂"。后又刻诗于石碑上，留给相州的人们。诗篇说快意于感恩报仇，夸耀个人多誉，都是值得鄙薄的。他不以昔日人们所夸耀的为荣，反而作为自己的警戒。从这里可以看出魏国公是如何看待富贵，而志向哪能轻易估量啊！因此他能出为大将入为丞相，勤劳地为朝廷办事，不论平顺时还是险难时都一样。至于面对重大事件，决策重要议题，都能垂着衣带，拿着手板，不动声色，把天下放置得像泰山一样安稳，可谓是国家重臣了。他的丰功伟业，被刻上钟鼎，谱成歌曲，是国家的光荣，而不单是乡里的光荣啊。

> 余虽不获登公之堂，幸尝窃诵公之诗，乐公之志有成，而喜为天下道也，于是乎书。

最后一句话，交代写作此文的起因。我虽无机会登上魏国公的昼锦堂，却庆幸曾诵读他的诗篇，很高兴他大志有成，并乐于向天下宣告。于是就写下这篇文章。

解析

这篇文章立意高远，告诫人们要摆脱"富贵还乡"的庸俗成功学理念，而要像韩琦那样，以"德被生民而功施社稷"为人生追求。文章引用苏秦、朱买臣等人所谓"衣锦还乡"的表现，反衬出韩琦人生境界的高尚，他"不以昔日所夸为荣，而以为戒"，对比之下尤为难得。

知识拓展

韩琦，北宋宰相，《宋史·韩琦传》记载，"凡事有不便，未尝不言，每以明得失、正纪纲、亲忠直、远邪佞为急……"

欧阳修写的这篇《相州昼锦堂记》为韩琦留下了一笔光辉的文字。

建议:对苏秦、项羽、朱买臣等人"富贵还乡"的做法,你是怎样看待的?请把自己的真实想法写下来。

地标性建筑的兴与废

公元 1065 年，陕西凤翔知府陈希亮（字公弼）修建了一座楼台，取名"凌虚台"。楼台建好之后，陈希亮让自己的属下苏轼（苏轼当时任"签书凤翔府判官"，也就是凤翔知府的助理）写篇文章，以作纪念。于是苏轼挥笔写下了有名的散文《凌虚台记》。

苏轼在文章中先简单地叙述了凌虚台的修建经过：陈希亮拄着拐杖在山下闲游，见到山峰高出树林之上，重重叠叠的样子像有人在墙外行走且能看见那人发髻的形状。于是，陈希亮说："这里必然有不同之处。"遂派工匠在山前开凿出一个方形的池子，用挖出的土建造了一个高台。人们到了高台之上，都恍恍惚惚，以为台子不是人工的，而是山突然冒出来的。陈希亮于是将此台命名为"凌虚台"，并要求下属苏轼写篇文章来记述这件事。

苏轼接着笔锋一转，针对此事进行了议论：事物的兴衰成败是无法预料的。建凌虚台的地方从前是长满荒草的野地，常有狐狸和毒蛇出没。在那个时候，谁会想到有朝一日会在这里建凌虚台呢？既然如此，那么日后这凌虚台会不会再变成荒滩野地呢？这种事情实在是不能预料的呀。为了佐证自己的观点，苏轼还举了历史上的例子。他说，凌虚台的东面就是当年秦穆公修建的祈年、橐泉两座宫殿，南面是汉武帝修建的长杨、五柞两座宫殿，北面是隋朝的仁寿宫和唐朝的九成宫。这些著名的宫殿，当年是多么奇丽、雄伟，它们坚不可摧，胜过凌虚台何止百倍！然而，到了现在，这些著名宫殿早就变成了庄稼地和废墟了，连破瓦断墙都不复存在了。与这些历史上的宫殿相比，这座凌虚台又算得了什么呢？坚固的宫殿建筑尚且不能长久，何况忽来忽往的人事得失？有的人想靠修一个高台之类的地标性建筑就自夸，那实在是错了。人世间如果确实有足以依持的东西，那也绝对不会是一座高台呀。

作为幕僚的苏轼就把这样的一篇文章交给了他的上司陈希亮。

这里需要说明一下，陈希亮和苏轼是同乡，年龄比苏轼大很多，算是苏轼的父辈。据说，陈希亮身材矮小、清瘦，为人刚直，说话斩钉截铁，批评人不留情面。苏轼刚进入官场时，恰好是他的下属，官名是"签书凤翔府判官"，也就是凤翔知府的助理，辅助陈希亮处理各种公文及行政事务。这一年，陈希亮49岁，苏轼26岁。

苏轼性情豪放，不拘小节，在工作中有不同意见，他就不惜与上司陈希亮据理力争。陈希亮对苏轼的各种小毛病也是毫不留情地予以批评，两人的关系因此并不融洽。恰在此时，陈希亮建造了凌虚台，请苏轼作记。苏轼乘机浇了他一头冷水，在文中写道："盖世有足恃者，而不在乎台之存亡也。"

《凌虚台记》是篇好文章，它没有就凌虚台写凌虚台，而是通过新建成的凌虚台讲述了历史兴衰、世事无常的人间大道。就建筑本身而言，苏轼其实是在用否定凌虚台的方式来纪念凌虚台，通过否定具体的建筑来表达兴衰莫测、世事无常的人间至理。"盖世有足恃者，而不在乎台之存亡也"，这何尝不是一种既现实又超越的态度？无论多么华美的建筑，它本身都不能永恒，但是建筑落成与毁坏背后所蕴含的规律却是永恒的。

顺便说一句，陈希亮虽然对苏轼很严厉，但他并没有因为下级对自己写文章发牢骚就进行打击报复。面对苏轼"不合时宜"的《凌虚台记》，他并没有追查苏轼的"诽谤领导"罪，也没有给苏轼穿小鞋，而是让人把这篇文章一字不改地刻在石碑上。这种雅量也值得今天的官员学习。如果说苏轼是在用文章阐释"凡所有相，皆是虚妄"的道理，那么陈希亮就是用实际行动告诫后世官员：不必太把下属的"冒犯"放在心上，包容别人与自己不同的想法恰恰是成就自己君子风范的必要条件——"有容乃大"，所谓的"大人"不就是指心量大、能包容他人的人吗？而所谓的"小人"也正是指那些心胸狭小、与别人斤斤计较的人。

苏轼跟陈希亮做幕僚的时间只有两年，两年之后，二人分头遨游宦海。公元 1077 年，陈希亮去世。此时，苏轼 40 岁，在文坛已是大名鼎鼎，在官场也经受了宦海沉浮的磨炼。他一改不为人写墓碑的惯例，破例写下了《陈公弼传》，颂扬陈希亮的种种美德，说陈希亮"其人仁慈，故严而不残。"苏轼还说："公于轼之先君子为丈人行，而轼官于凤翔，实从公二年。方是时年少气盛，愚不更事，屡与公争议，形于言色，已而悔之。"意思是，按照苏陈两家世交的辈分，陈公弼比我父亲还大一辈，而我苏轼当年在凤翔做官时，追随陈公两年。那个时候，我年少气盛，不懂事，经常言辞激烈地与陈公争论，争论过后又不断后悔。此时的苏轼，对自己曾经的"年少气盛，愚不更事"有了反思，对陈希亮的评价也变得平和、公正了。

附：凌虚台记

苏 轼

国于南山之下，宜若起居饮食与山接也。四方之山，莫高于终南，而都邑之丽山者，莫近于扶风。以至近求最高，其势必得。而太守之居，未尝知有山焉。虽非事之所以损益，而物理有不当然者。此凌虚之所为筑也。

在南山脚下建城邑，自然饮食起居都跟山接近。四面的山，没有比终南山更高的。而城市当中靠近山的，没有比扶风城更近的了。"扶风"，当时的县名，在今天陕西宝鸡市东郊。在离山最近的地方要看到最高的山（即终南山），应该是必然能做到的事。但太守刚到他的住处时，开始还不知道附近有山呢。这里的太守，指的是陈希亮，当时任凤翔知府，苏轼任府判官。虽然这对事情的好坏没有什么影响，但是按事物的常理却不该这样的。这就是凌虚台修筑的原因。这一段，写台的缘起。

方其未筑也，太守陈公杖履逍遥于其下，见山之出于林木之上者，累累如人之旅行于墙外而见其髻也，曰："是必有异。"使工凿其前为方池，以其土筑台，高出于屋之檐而止。然后人之至于其上者，恍然不知台之高，而以为山之踊跃奋迅而出也。公曰："是宜名凌虚。"以告其从事苏轼，而求文以为记。

在凌虚台还没有修建之前，陈太守拄着拐杖，穿着布鞋在山下闲游，见到山峰高出树林之上，山峰重重叠叠的样子正如有人在墙外行走而看见的那人发髻的形状一样。陈太守说："这必然有不同之处。"于是派工匠在山前开凿出一个方池，用挖出的土建造一个高台，台子修到高出屋檐才停。这之后有人到了台上的，都恍恍惚惚不知道台的高度，还以为是山突然起伏冒出来的。陈公说："这台叫凌虚台很合适。"把这件事告诉他的下属苏轼，并要求写篇文章来记叙这件事。这一段，写修建凌虚台的经过。

> 轼复于公曰："物之废兴成毁，不可得而知也。昔者荒草野田，霜露之所蒙翳①，狐虺之所窜伏。方是时，岂知有凌虚台耶？废兴成毁，相寻于无穷，则台之复为荒草野田，皆不可知也。尝试与公登台而望，其东则秦穆之祈年、橐泉②也，其南则汉武之长杨、五柞③，而其北则隋之仁寿、唐之九成也。计其一时之盛，宏杰诡丽，坚固而不可动者，岂特百倍于台而已哉！然而数世之后，欲求其仿佛，而破瓦颓垣，无复存者，既已化为禾黍荆棘丘墟陇亩矣，而况于此台欤！夫台犹不足恃以长久，而况于人世之得丧，忽往而忽来者欤？而或者欲以夸世而自足，则过矣。盖世有足恃者，而不在乎台之存亡也。"既已言于公，退而为之记。
>
> **注释**
>
> ①蒙翳（yì）：遮蔽。虺（huǐ）：毒蛇。
>
> ②橐（tuó）泉：秦时的一处宫殿名。
>
> ③五柞（zuò）：汉代宫殿名。

　　苏轼回复陈公说："事物的兴盛和衰败，是无法预料的。"从前这里是长满荒草的野地，被霜露覆盖的地方，狐狸和毒蛇出没的地方。在那时，哪里知道今天这里会有凌虚台呢？兴盛和衰败交替无穷无尽，那么高台会不会又变成长满荒草的野地，都是不能预料的。我曾试着和陈公一起登台而望，看到它东面就是当年秦穆公的祈年、橐泉两座宫殿（遗址），其南面就是汉武帝的长杨、五柞两座宫殿（遗址），其北面就是隋朝的仁寿宫也就是唐朝的九成宫（遗址）。回想它们一时的兴盛，宏伟奇丽，坚固而不可动摇，何止百倍于区区一座高台而已呢？然而几百年之后，想要寻找它们的样子，却连破瓦断墙都不复存在，已经变成了种庄稼的田亩和长满荆棘的废墟了。相比之下，这座高台又能怎样呢？一座高台尚且不足以长久依靠，更何况人世的得失，本就来去匆匆呢？如果有人想要以高台夸耀于世而自我满足，那就错了。世上确实有足以依凭的东西，但是与台的存在与否是没有关系的。我将这些话告诉陈公后，退下来写了这篇文章。这一段，写台的废兴成毁。

解析

全文共分三段，前两段重在叙事，后一段议论说理。叙事议论前后相应，在自然平易、曲折变化中，鲜明地突出了文章的主旨。

知识拓展

苏轼，宋代文学家、书画家。号东坡居士，也称苏东坡，与其父苏洵，其弟苏辙并称"三苏"。

建议：找一处地标性建筑，了解一下这座建筑的历史，然后再写一篇相关的文章。

苏轼月夜游赤壁

苏轼在宋仁宗时期考中进士，借着欧阳修的大力褒奖，很快名满天下。可是，苏轼在仕途上却非常不顺。宋神宗时期，他因反对王安石变法而遭贬；王安石变法失败后，司马光上台执政，全部废弃了王安石变法时的各项措施，此时苏轼又出面反对，说王安石变法中的一些举措还是不错的，不应该全部废掉。如此一来，他又得罪了司马光这一派，又被贬。宦海浮沉之中，苏轼受到的最致命打击就要算"乌台诗案"了。

乌台就是宋朝的御史台，御史台的衙门里有许多树，树上住有乌鸦，乌鸦的叫声不好听，恰好御史负责的工作就是弹劾官员、批评政府，说出的话也"不好听"，于是人们就称御史台为"乌台"。当时，苏轼因反对王安石变法，已经被贬到杭州，做杭州通判，也就是杭州知州的副手，后苏轼又被调到湖州做知州。苏轼到湖州上任之后，给朝廷上表，上表中写了几首诗。结果，御史台的人就从苏轼的诗中挑毛病，说他讥讽朝政，弹劾苏轼。此案由御史告发，后在御史台狱中受审，所以被称为"乌台诗案"。苏轼在此案中险些送命，后经多方营救，他没被处死，但被下狱一百零三天，出狱之后被贬为黄州团练副使。

团练，大体相当于民兵自卫队，团练副使虽也算个官，但没了实际职权，也没有固定薪水。所以苏轼被贬到黄州期间，生活是很艰苦的。他刚到黄州时没房子住，只能借住在寺庙里，后来迁到临皋亭，在东坡建了个草堂，称"东坡雪堂"，苏轼遂自称"东坡居士"。

在仕途跌入低谷之际，苏轼在文学上迎来了大丰收，他的《前赤壁赋》《后赤壁赋》《念奴娇·赤壁怀古》等许多脍炙人口的诗文均创作于黄州时期。

在《前赤壁赋》一文中，苏轼通过记述月夜游赤壁之事，写景抒情兼感慨人生，将江水、月色、诵诗、吹箫、怀古、论今、人生的短暂与时空的无穷等等，全都天衣无缝地串联一处，时而快乐，时而低落，时而悲观，时而达观。此文由景及情，因情摄文，大开大合，大起大落，给人以极美的艺术享受，堪称古代经典散文中的经典。

附：前赤壁赋

苏 轼

壬戌之秋，七月既望，苏子与客泛舟游于赤壁之下。清风徐来，水波不兴。举酒属^①客，诵明月之诗，歌窈窕之章^②。少焉，月出于东山之上，徘徊于斗牛之间。白露横江，水光接天。纵一苇之所如，凌万顷之茫然。浩浩乎如冯虚御风^③，而不知其所止；飘飘乎如遗世独立，羽化而登仙。

注释

①属（zhǔ）：通"嘱"，致意，引申为劝酒。

②窈窕（yǎotiǎo）之章：《陈风·月出》诗首章为："月出皎兮，佼人僚兮，舒窈纠兮，劳心悄兮。""窈纠"同"窈窕"。

③冯（píng）虚御风：乘风腾空而遨游。冯虚：凭空，凌空。冯：通"凭"，乘。

壬戌年秋天，七月十六日，苏轼与友人在赤壁下泛舟游玩。这里的"壬戌之秋"指的是宋神宗元丰五年（公元 1082 年），这一年是壬戌年。"既望"，农历每月十六。农历每月十五日为"望日"，十六日为"既望"。清风阵阵拂来，水面波澜不起。举起酒杯向同伴敬酒，吟咏赞美明月的诗句和《诗经》中"窈窕"这一章。不一会儿，明月从东山后升起，在斗宿与牛宿之间来回移动。这里的"斗牛"是星座名，指的是斗宿（南斗）和牛宿。白茫茫的雾气横贯江面，波光与星空连成一片。我们任凭苇叶般的小船在茫茫万顷的江面上自由飘动。"纵"在这里是听任的意思。"一苇"，指小船，说小船在江中小得像一片苇叶。浩浩荡荡就像是凌空乘风飞去，不知将停留在何处；轻飘飘的好像变成了神仙，飞离尘世，登上了仙境。道教把成仙叫作"羽化"，认为成仙后能够飞升。

于是饮酒乐甚，扣舷而歌之。歌曰："桂棹兮兰桨①，击空明兮溯流光。渺渺兮予怀，望美人兮天一方。"客有吹洞箫者，倚歌而和之。其声呜呜然，如怨如慕，如泣如诉；余音袅袅，不绝如缕。舞幽壑之潜蛟，泣孤舟之嫠妇②。

注释

①桂棹（zhào）兰桨：桂树做的棹，兰木做的桨。

②嫠（lí）妇：寡妇。

这时候喝酒喝得高兴起来，用手叩击着船舷，应声高歌。这里的"空明"，指月亮倒映水中的澄明之色。"溯"指逆流而上。歌中唱道："桂木船棹啊香兰船桨，迎击空明的粼波，逆着流水的泛光。我的情思啊悠远茫茫，相望伊人在天涯那方，在天边遥远的地方。"客人中有个会吹洞箫的，按着节奏为歌声伴和。洞箫呜呜作声，像是怨恨，又像是思慕，像是哭泣，又像是倾诉；余音悠扬，像一根轻柔的细丝线延绵不断。能使深谷中的蛟龙为之起舞，能使孤舟上的寡妇听了落泪。"幽壑"，这里指深渊。

苏子愀然①，正襟危坐而问客曰："何为其然也？"客曰："'月明星稀，乌鹊南飞。'此非曹孟德之诗乎？西望夏口，东望武昌，山川相缪②，郁乎苍苍，此非孟德之困于周郎者乎？方其破荆州，下江陵，顺流而东也，舳舻③千里，旌旗蔽空，酾酒④临江，横槊⑤赋诗，固一世之雄也，而今安在哉？况吾与子渔樵于江渚之上，侣鱼虾而友麋⑥鹿，驾一叶之扁舟，举匏樽⑦以相属。寄蜉蝣⑧于天地，渺沧海之一粟。哀吾生之须臾，羡长江之无穷。挟飞仙以遨游，抱明月而长终。知不可乎骤得，托遗响于悲风。"

注释

①愀（qiǎo）然：容色改变的样子。

②缪（liáo）：通"缭"，盘绕。

③舳舻（zhúlú）：战船前后相接，这里指战船。

④酾（shī）酒：滤酒，这里指斟酒。

⑤横槊（shuò）：横执长槊。槊，类似于矛的一种兵器。

⑥麋（mí）：鹿的一种。

⑦匏樽（páozūn）：用葫芦做成的酒器。匏，葫芦。尊，同"樽"。

⑧蜉蝣（fúyóu）：一种朝生暮死的昆虫。此句比喻人生之短暂。

　　苏轼的容色忧愁凄怆，整好衣襟，端正而坐，问客人："曲调为什么这么悲凉呢？"客人回答："'月明星稀，乌鹊南飞'，这不是曹孟德的诗吗？从这里向西可以望到夏口，向东可以望到武昌，山河接壤连绵不绝，目力所及，一片苍翠。这不正是曹孟德被周瑜围困的地方么？"这里所说的"孟德之困于周郎"，指的是汉献帝建安十三年（公元 208 年），吴将周瑜在赤壁之战中击溃曹操号称的八十万大军。当初他攻陷荆州，夺得江陵，沿长江顺流东下，麾下的战船延绵千里，旌旗将天空全都蔽住。他面对着大江持酒而饮，横执矛槊吟诗作赋，委实是当世的一代枭雄，而今天又在哪里呢？"破荆州"，指的是建安十三年，曹操南下荆州，当时刺史刘表已死，刘表的儿子刘琮率众投降了曹操。何况我与你在江边捕鱼砍柴，与鱼虾作伴，与麋鹿为友，驾着这一叶小舟，举起杯盏相互敬酒。我们如同蜉蝣置身于广阔的天地中，像沧海中的一粒粟米那样渺小。哀叹我们的一生只是短暂的片刻，只有羡慕长江没有尽头。我们想与仙人携手遨游各地，与明月相拥而永存世间。可这是不可能的，因而只能把箫声的余音寄托给这悲凉的秋风。

> 苏子曰：“客亦知夫水与月乎？逝者如斯，而未尝往也；盈虚者如彼，而卒莫消长也。盖将自其变者而观之，则天地曾不能①以一瞬；自其不变者而观之，则物与我皆无尽也，而又何羡乎！且夫天地之间，物各有主，苟非吾之所有，虽一毫而莫取。惟江上之清风，与山间之明月，耳得之而为声，目遇之而成色，取之无禁，用之不竭。是造物者之无尽藏②也，而吾与子之所共适。”
>
> **注释**
>
> ①曾（zēng）不能：固定词组，连……都不够。曾：连……都。一瞬：一眨眼的工夫。
>
> ②无尽藏（zàng）：无穷无尽的宝藏。

我说：“你可也知道这水与月？不断流逝的时光，就像这江水，逝去了就不再回来；”“逝者如斯”，流逝的时间就像这江水。语出《论语》：“子在川上曰：‘逝者如斯夫，不舍昼夜。’”逝：往。斯：指江水。“时圆时缺的人生，就像这月亮，最终并没有增加或减少。如果从事物易变的一面看来，天地间没有一瞬间不发生变化；而从事物不变的一面看来，万物与自己的生命同样无穷无尽，又有什么可羡慕的呢？何况天地之间，事

苏轼月夜游赤壁

物各有自己的主宰，若不是自己应该拥有的，即使是一分一毫也不能索取。只有江上的清风，以及山间的明月，送到耳边便听到声音，进入眼帘便绘出形色，取得这些不会有人禁止，享用这些也不会有竭尽的时候。这是自然界无穷无尽的宝藏，我和你可以共同享受。"

客喜而笑，洗盏更酌。肴核既尽，杯盘狼籍。相与枕藉乎舟中，不知东方之既白。

主客对话完成，文章的主旨已经说完，接下来作者用简练的文字交代了一下事件的经过，文章就结束了。同伴高兴地笑了，清洗杯盏重新斟酒。菜肴和果品都被吃完，只剩下桌上的杯碟一片凌乱。我与同伴在船里紧挨着睡去，不知不觉东方东方的天空已经发白——新的一天开始了。

解析

苏轼的《前赤壁赋》是千古名篇，大家一定要好好诵读，认真体会。全文共五个自然段，第一段，写夜游赤壁的情景，清风、白露、高山、流水、月色，组成了一幅极美的画卷，写出了夜游之乐；第二段，写作者饮酒放歌的欢乐和客人悲凉的箫声。作者饮酒乐极，扣舷而歌，由于想望美人而不得见，流露出失意和哀伤情绪，加之客吹洞箫，依其歌而和之，箫声悲凉、幽怨，文章借此由欢乐转入悲凉，文气一变；第三段，写客人对人生短促无常的感叹。此段由赤壁的自然景物，转而写到赤壁的历史，由曹操在赤壁大战中失败的历史引发感慨。曹操的这类英雄人物，也只是显赫一时，何况我辈！因而感叹生命的短暂，羡慕江水的长流不息；第四段，作者针对客人的感慨陈述自己的见解，以江水、明月为喻，提出"逝者如斯，而未尝往也；盈虚者如彼，而卒莫消长也"的认识，又从天地间万物各有其主、个人不能强求做进一步的说明；第五段，写客人听了作者的一番谈话后，转悲为喜，开怀畅饮，"相与枕藉乎舟中，不知东方之既白"。照应开头，写游赏之乐。

知识拓展

　　赋是古代文章的一种体裁，由楚辞结合古诗演变而成，介于散文和诗之间，辞藻华丽，长于铺叙。这种文体在汉代最为流行，有著名的"汉赋"之说，司马相如、张衡等人都是写汉赋的高手。到了唐代，韩愈、柳宗元等人倡导古文运动，反对辞藻华丽、内容空洞的文章，因此，经过唐宋古文运动之后，"赋"也发生了一些变化，唐宋散文大家汲取原来"赋"体的长处，虽也采用骈俪句法，但在整体风格上已经越来越向散文靠拢了。《前赤壁赋》就是这一时期的经典之作。

　　建议：选择一个月明之夜，一边赏月，一边诵读一下与月亮有关的诗文。